O "ESTRANHO ENCONTRO" ENTRE O EU E O OUTRO

Blucher

O "ESTRANHO ENCONTRO" ENTRE O EU E O OUTRO

Sobre os destinos da dor mental

Luiz Carlos Uchôa Junqueira Filho

O "estranho encontro" entre o eu e o outro: sobre os destinos da dor mental

Editora Edgard Blücher Ltda.

Publisher Edgard Blücher
Editores Eduardo Blücher e Jonatas Eliakim
Coordenação editorial Andressa Lira
Produção editorial Thaís Costa
Preparação de texto Bárbara Waida
Diagramação Guilherme Salvador
Revisão de texto MPMB
Capa Laércio Flenic
Imagem da capa L'Impossible [O impossível], de Maria; 1944, bronze, 79 x 80 x 47 cm, MAM, Rio de janeiro.

Blucher

Rua Pedroso Alvarenga, 1245, 4° andar
04531-934 – São Paulo – SP – Brasil
Tel.: 55 11 3078-5366
contato@blucher.com.br
www.blucher.com.br

Segundo o Novo Acordo Ortográfico, conforme 6. ed. do *Vocabulário Ortográfico da Língua Portuguesa*, Academia Brasileira de Letras, julho de 2021.

Dados Internacionais de Catalogação
na Publicação (CIP)
Angélica Ilacqua CRB-8/7057

Junqueira Filho, Luiz Carlos Uchôa

O "estranho encontro" entre o eu e o outro : sobre os destinos da dor mental / Luiz Carlos Uchôa Junqueira Filho. – São Paulo : Blucher, 2023.

262 p.

Bibliografia

ISBN 978-85-212-2136-4

1. Psicanálise 2. Saúde mental I. Título

23-4991 CDD 150.195

Índice para catálogo sistemático:
1. Psicanálise

Introdução

Com certa dose de risco, poderíamos dizer que a dor mental é pessoal e intransferível, embora, a bem da verdade, isso com certeza melhor se aplicasse à dor física. De qualquer modo, parece-me indiscutível ter sido a dor mental o elemento mandatório a impelir Freud a criar a psicanálise. Ao fazê-lo, Freud com certeza serviu-se de um fato observacional, a saber, que a pessoalidade da dor psíquica permite um certo relativismo devido às suas características humanitárias; sua intransferibilidade, por outro lado, tampouco é absoluta, já que pode afetar seres além do próprio sujeito.

Mas seu verdadeiro "eureca", me parece, ocorreu ao constatar a existência de um outro que se sente afetado pela dor mental de um eu, malgrado sua convicção precipitada de que ela seria exclusiva. Ora, se um outro é afetado por vivências interiores de um eu, ele pode sentir-se autorizado a "aproveitar" suas vivências evocativas para embeber-se dos sentimentos emanados do eu, agora travestido de outro. Reconhecido o big-bang da alteridade, ficou fácil para Freud transportá-lo para o consultório.

A psicanálise, desde que operada segundo os requisitos básicos prescritos por Freud – que permitem a emergência de instrumentos essenciais para o trabalho analítico, como: a instalação de vínculo transferencial, o estímulo a associações livres, a liberdade para fantasiar, a abstinência de compreensão racional, a presença de angústias de separação e assim por diante –, demanda a presença de um psicanalista, ou seja, de um outro que tenha se preparado para introjetar um *setting* abdicado de desejos pessoais, com exceção do desejo de psicanalisar.

Nesse particular, porém, o nascimento da psicanálise ocorreu em condições anômalas, já que Freud foi o primeiro (e, espera-se, o único) psicanalista órfão da história: não teve o privilégio de ter uma análise pessoal, ficando restrito às distorções de uma autoanálise, em que somos obrigados a assumir, simultaneamente, os papeis de eu e de outro.

Apesar dos esforços de Freud para libertar a psicanálise do modelo médico essencialmente curativo, parece-me inegável que ele reconheceu que ela estaria sempre mais comprometida com a dor mental do que com a alegria ou o prazer; nesse aspecto, a mitologia antecipou-se à psicanálise. Consideremos, por exemplo, as reflexões de Jean-Pierre Vernant (1991) a respeito das oscilações entre o aterrorizador e o grotesco, associadas à figura da Medusa. Ao defrontar-se com a face da Górgona, Perseu viu-se confrontado com o outro, com um duplo, com o estranho, ou seja: "Esta careta é também a que aflora em nosso rosto para nele impor sua máscara quando, a alma em delírio, dançamos ao som da flauta a bacanal de Hades".

Isso deve ter sido intuído por Freud ao reconhecer a essencialidade da análise pessoal para o pretendente a analista: ele precisaria entregar sua cara ao espanto de vê-la refletida na cara de um outro apto a enxergá-la com um olhar translúcido que lhe permita evoluir de uma mera aparência a uma identidade verdadeira. Por isso a importância de privilegiarmos o escrutínio dos destinos da dor mental, ressaltando, porém, que nos seus interstícios, ou mesmo em cenários favoráveis, em suas clareiras, encontraremos ilhas de satisfações ou realizações que nos permitirão conhecer alegrias ou felicidades.

A feitura (ou melhor, a composição) deste livro seguiu um caminho natural. A primeira obra autobiográfica do psicanalista inglês Wilfred Bion foi denominada *War Memoirs*, tendo sido escrita após o término da Primeira Guerra Mundial, da qual ele emergiu aos 21 anos com três condecorações de herói. Segundo seu depoimento, ela surgiu como parte de uma dívida culposa em relação a seus pais, a quem ele não enviara cartas durante o conflito, temeroso que elas pudessem chegar a eles após o anúncio de sua morte. De fato, o morticínio naquela guerra foi algo inédito na história da humanidade.

Anos mais tarde, seu segundo volume autobiográfico, *The Long Week-End*, foi dividido em três partes: Índia (até os 8 anos), Inglaterra (dos 8 aos 18) e Guerra (dos 18 aos 21). Isso demonstra que suas memórias de guerra ainda estavam presentes, e assim permaneceram até sua morte; desnecessário dizer que o tecido conectivo dessas memórias era, evidentemente, a dor mental consequente à insânia bélica entre eus e outros.

Décadas depois, me deparei com uma poesia escrita por Wilfred Owen, um jovem soldado inglês morto na Primeira Guerra Mundial, que relatava o "estranho encontro" no Inferno entre dois soldados inimigos: um que morrera e outro que o matara. Investigando, descobri que Owen fora um mártir pacifista que se voluntariara a entrar na guerra para viver na própria pele as consternações e impiedades dela advindas. Como sua obra não está traduzida, lancei-me ao empenho de traduzi-la para meu uso pessoal, já que seduzido pelo peso de seu valor intrínseco; deixei as traduções adormecidas, aguardando a chance de poderem ser aproveitadas no futuro.

Com o eclodir da Guerra da Ucrânia e as angústias e perplexidades despertadas por ela nas gerações atuais, para quem uma "guerra europeia" com perspectivas de disseminação mundial era coisa do passado distante, senti ter chegado a hora de "despertar" as várias poesias que Owen produzira em sua efêmera vida. Com elas embaixo do meu braço direito, resolvi me encontrar com meu editor, mas, ao sair de casa, levei intuitivamente embaixo do braço esquerdo um livrinho precioso, que acabara de ler – quase que um legado moral de Susan Sontag, intitulado *Diante da dor alheia*. A intuição foi profética: meu editor ponderou a difícil aceitação entre nós de obras poéticas, acendendo-me de imediato a opção de encaixar as poesias no tema mais amplo dos destinos da dor mental.

Esta luz interior logo se espraiou para um livro de Jorge Semprún, *A escrita ou a vida*, em que descreve suas vivências no campo nazista de Buchenwald, em especial o papel de suas angústias no bloqueio de uma criação literária incipiente que levou décadas para "ressuscitar" após sua libertação daquele pesadelo. Foi ele quem chamou minha atenção para o sofrimento enlouquecedor vivido por Primo Levi em Auschwitz, e que culminou levando-o ao suicídio.

Neste ponto, senti-me impelido a apresentar o testemunho de Vassili Grossman, escritor ucraniano que escreveu seu magnífico *Vida e destino* e que acompanhou como jornalista as batalhas de Moscou, Stalingrado, Kursk e Berlim, tendo sido um crítico ferino dos totalitarismos, tanto o hitlerista quanto o stalinista. Acompanhou também as perseguições antissemitas, sendo um dos primeiros a divulgar os horrores de Treblinka. Muitos, como George Steiner, o consideram o Tolstói do século XX.

Ainda no tocante aos sofrimentos da Primeira Guerra, foi imprescindível nos referir à ficção de Dalton Trumbo, escritor e ativista pacifista estadunidense que, em seu livro *Johnny vai à guerra*, nos relata as angústias da existência claustrofóbica de um soldado mutilado física, sensorial e psiquicamente.

Sentindo a necessidade de apresentar uma reflexão original a respeito da estética dolorosa da precariedade humana, recorri ao livro *Fragilidade*, do famoso roteirista Jean-Claude Carrière, que, inspirado em Shakespeare, partiu da constatação de que, em seu núcleo, o espírito humano é constituído de uma matéria vítrea extremamente friável. Recorri ainda a Lúcio Cardoso e seu *Crônica da casa assassinada*, uma verdadeira enciclopédia sobre os destinos patéticos da dor mental, em particular da assombrosa dor incestuosa entre filho e mãe que se constituiu, como sabemos, em elemento fundante da psicanálise – seria imperdoável não a divulgar em nossas reflexões.

Para completar o setor das dores sofridas, pareceu-me oportuno acompanhar o vínculo amoroso tóxico entre Oscar Wilde e seu amante Lord Alfred Douglas, por meio de uma longa carta escrita por ele do cárcere de Reading, onde ficou preso por dois anos em virtude de uma sentença espúria que o condenou por interferência política do pai de seu desafeto.

Por fim, fiz uma breve referência à existência de fenômenos psicossomáticos, bem como ao clássico de Thomas Hobbes, *Leviatã*, em que formulou a máxima de que "O homem é o lobo do homem"; a John Kekes em *As raízes do mal*, uma reflexão acadêmica sobre a crueldade, a insaciedade, o preconceito e o fanatismo; e, finalmente, a Mary Midgley, que vislumbra os esforços do humano para se qualificar como um "primata ético".

Uma questão conceitual, no entanto, transpareceu logo que essas referências se juntaram: como articulá-las com equilíbrio para que o sofrimento humano não afugente precocemente o leitor, transformando-se num exemplo vívido das dificuldades que, como discutiremos, assolam o eu quando em contato com a dor alheia? Por outro lado, apesar da advertência de T. S. Eliot de que "O gênero humano não pode suportar muita realidade", Owen, por exemplo, sentiu ser seu dever descrever a trágica realidade da guerra, sendo seguido por vários espíritos indignados como Dalton Trumbo e Erich Maria Remarque no seu famoso *Nada de novo no fronte*.

Confesso que ainda não creio ter conseguido esse equilíbrio, mas uma coisa ficou-me clara: aqueles que a vida mergulhou no sofrimento são os verdadeiros protagonistas, todos os demais, inclusive eu, somos meros coadjuvantes. Isso me permitiu privilegiar três categorias principais: a dor sofrida, a dor inferida e a dor pensada; além disso, uma categoria acessória emergiu como importante – o uso do humor como recurso criativo no manejo da dor mental, algo vislumbrado por Freud em seus artigos de 1905 e 1927, mas, infelizmente, não expandido suficientemente na esfera psicanalítica.

É preciso ficar claro que o intuito deste livro é nos fornecer subsídios para uma compreensão possível das precariedades do humano, tentando rastrear os afluentes que concorrem para constituir a nascente das dores mentais e, então, possibilitar acompanhar seus destinos e os recursos humanos para lidar com elas. Em virtude da dimensão da tarefa, resolvi delimitar este estudo às dores que os humanos possam causar entre si e, assim, realçar a contribuição da psicanálise na sua compreensão.

Neste recorte, outro contingente de dores importantes não poderá ser contemplado, como as existenciais, as consequentes a acidentes ou catástrofes naturais, bem como a derivação somática de sofrimentos mentais. Aos interessados nesse último grupo, recomendo a obra *Dor psíquica, dor corporal: uma abordagem multidisciplinar* (Blucher, 2019), organizada por Victoria Regina Béjar.

Como boa anfitriã, a psicanálise primeiro deu a voz a seus convidados, acompanhando-os como observadora vigilante, e, ao final, assumiu a voz que lhe era devida para apresentar a evolução dos sentimentos aos pensamentos, intermediada pela linguagem. Mas, para encerrar este breve apanhado, não poderia deixar de mencionar a perfusão benfazeja que o outro pode propiciar ao eu, lembrando-nos da influência de Cartola na musicalidade de Paulinho da Viola, a qual surgiu como gratidão explícita em uma de suas músicas:

Continuam nossas lutas
Podam-se os galhos
Colhem-se as frutas
E outra vez se semeia
E no fim desse labor
Surge outro compositor
Com o mesmo sangue na veia[1]

1 Música "Fiz por Você o que Pude", escrita por Cartola na década de 1970 em homenagem à Mangueira e regravada por Paulinho da Viola na década de 1990.

Conteúdo

1. O encontro imprevisível entre o eu e o outro

Não por acaso, coube aos filósofos ocuparem a linha de frente na observação do vasto universo que se estende entre o eu e o outro, algo que sempre interessou aos espíritos poéticos e, no curso da vida cotidiana, está sempre presente, frequentemente de forma larvada, equiparando o sublime com o corriqueiro.

Um exemplo do primeiro caso encontraremos no Capítulo XII do Purgatório, quando Dante sente-se subitamente mais leve, mas fica refém de Virgílio para encontrar uma explicação para o fenômeno. Ocorrera que um anjo roçara suavemente sua testa com a asa, apagando a primeira letra P (de pecado) que estava ali inscrita, sem que ele pudesse enxergar a mudança: para tanto, dependia de um outro. Por outro lado, recentemente um grupo de neurocientistas debruçou-se sobre um fenômeno corriqueiro da vida cotidiana: o fato de não conseguirmos fazer cócegas em nós mesmos, já que, nesta circunstância, o corpo defensivamente diminui a percepção sensorial.

Eu e outro, pelo jeito, nasceram xifópagos, algo que aflora naturalmente em artistas como o famoso fotógrafo Henri Cartier-Bresson, que se comparou a um arqueiro zen que precisa transformar-se em seu alvo antes de poder atingi-lo. Ele, aliás, ao enunciar que "pensar é algo que tem de ser feito antes e depois de tirar uma foto, nunca durante o ato de fazê-lo", estava em uníssono com psicanalistas como Bion, para quem o desejo nunca deveria se interpor a uma observação isenta.

É preciso sempre reconhecer que a apreensão da alteridade será tanto mais precisa quanto mais concentrado for seu foco, ou, na expressão poética de Wallace Stevens, "a identidade é o ponto de fuga da aparência". Como veremos adiante, o olhar ensaístico de Susan Sontag detectou que a fotografia, como forma privilegiada de autoexpressão, é vista ou como uma aguda manifestação do eu individualizado, ou como um meio de projetar-se no mundo desviando-se de suas insolentes e inoportunas pretensões. Esse enunciado, porém, só pôde ser construído anos depois que ela se conscientizou do sofrimento humano causado por guerras, genocídios, ataques terroristas e chacinas anônimas.

Traumatizada com este acúmulo de cenários dantescos, ela viu-se convocada a abraçar a cruzada de instrumentalizar "com a delicadeza possível" essas memórias dolorosas, reconhecendo que a fotografia talvez fosse o instrumento mais eficaz para fazê-lo: não seria ousado concluirmos terem sido essas as raízes de dois livros excepcionais, *Sobre fotografia*, de 1973, e *Diante da dor alheia*, de 2003, em que o registro fotográfico é esmiuçado como ferramenta ética e moral.

"A câmera não estupra, nem mesmo possui, embora possa atrever-se, intrometer-se, atravessar, distorcer, explorar e, no extremo da metáfora, assassinar – todas essas atividades que, diferentemente do sexo propriamente dito, podem ser levadas a efeito à distância e com certa indiferença" (Sontag, 2006, p. 23). Lembremos que o homem "primitivo" se sentia apreensivo ao ser fotografado, suspeitando tratar-se de algum tipo de transgressão, de desrespeito, um saque sublimado da personalidade ou da cultura, enquanto os homens "industrializados" procuram ser fotografados por se imaginarem imagens que se materializam através das fotos (Sontag, 2006).

Shakespeare, no Soneto 121, já nos alertava que "Mais vale ser vilão, que vilão ser julgado,/ Quando, embora não sendo, a censura se sofre;/ Não é justo prazer que alguém seja estimado/ Pelo que outrem vê e não sente nossa alma": a lição dessa ponderação é que até um elogio recebido precisa ser avalizado pela sinceridade interior, ou seja, cabe ao sujeito acatar ou rejeitar a opinião alheia a seu respeito.

No seu *De Profundis*, Oscar Wilde (2004) advertia sobre os perigos da imitação: "A maior parte das pessoas se travestem de outras pessoas: seus pensamentos foram roubados delas; suas vidas são imitações, suas paixões meras citações". Na peça *Um marido ideal*, a advertência se dirige à manipulação da moralidade: "A moralidade é simplesmente a atitude que adotamos contra as pessoas que pessoalmente nos desagradam". Dostoiévski exalta a necessidade de originalidade, até na mentira, para que nós humanos não sejamos meros papagaios de outrem.

Mas, antes de prosseguir, seria útil nos inteirarmos, a partir do artigo de Rocha (2006), sobre a *philia* na metafísica de Platão e na ética de Aristóteles, em que fica patente que "O amigo é um outro si mesmo".

No seu diálogo *Lysis*, Platão, por meio de Sócrates, tenta definir a amizade (*philia*) usando duas aporias: uma em relação à reciprocidade, e a outra, à conveniência da semelhança ou da diferença entre os amigos. Para ele, uma verdadeira relação de amizade depende de reciprocidade, esta só podendo estar ausente no amor-desejo ou amor erótico, em que a unilateralidade pode acontecer. Quanto à semelhança entre as partes, esta seria improdutiva por atrelar-se ao já conhecido, enquanto na relação intersubjetiva o outro não é apenas um desdobramento do eu, mas um outrem possuidor de uma diferença enriquecedora.

Aristóteles inicia seu estudo da *philia* no Livro VIII da *Ética a Nicômano* dizendo que: "O homem é um animal político, cuja natureza o destina a viver com os outros, a *conviver*". Isso está em sintonia com a tradição helênica expressa por Eurípides: "É um prazer poder partilhar a felicidade com amigos, mas – que Deus não o permita! – se uma desgraça sobrevier, é doce mergulhar o olhar nos olhos de um amigo". Ou, no inspirado resumo de Aristóteles: "O amigo, sendo um outro si mesmo, fornece o que não se pode prover com seu próprio esforço".

Ou seja, a amizade ocupa o centro de seu pensamento ético e político, já que não é um mero sentimento de benevolência ou intercâmbio sentimental, mas uma verdadeira virtude, já que eu só posso "tornar mais meu o ser que sou" (Heidegger) por meio da mediação e do reconhecimento do outro diverso de mim. Esse desdobramento do sujeito num outro de si mesmo já assinalado na metafísica aristotélica estabelece a mediação do outro como elemento indispensável para a constituição da subjetividade que a filosofia, as ciências contemporâneas do homem e, particularmente, a psicanálise vêm destacando de modo especial.

Martin Buber, professor de filosofia da religião e ética judaica, tornou-se conhecido por seu livro *Eu e tu*, baseado nas palavras primordiais *eu e tu* e *eu e isso*: enquanto o tu abarcaria tudo que não pode ser objetivado ou esgotado pela consciência, o isso diria respeito à experiência de objetificação. Em sua acepção, o mundo relacional ocorreria em três esferas: a vida da natureza; a vida entre os homens, intermediada pela linguagem; e a vida com as formas inteligíveis, que engendraria uma linguagem própria.

No caso de nosso convívio com os homens,

> *A linguagem se completa prolongando-se no discurso de sua réplica. Somente aqui a palavra explicitada na*

> *linguagem recebe sua resposta. Somente aqui a palavra fundamental regressa e avança da mesma forma, a palavra da invocação e a palavra da resposta se formulam e vivem numa mesma linguagem; o eu e o tu estão aqui, não somente em relação, mas em leal intercâmbio. Aqui, e somente aqui, os momentos da relação estão ligados entre eles pelo próprio elemento da linguagem no qual estão imersos. Aqui, aquilo que nos confronta se expande na realidade plena do tu. Por conseguinte, somente aqui nos sentimos realmente contempladores e contemplados, conhecedores e conhecidos, amantes e amados. (Buber, 1974, p. 91)*

A literatura, de braços dados com a mitologia, logo se apercebeu das implicações psicossociais do convívio entre o eu e o outro: Cervantes, por exemplo, prenuncia a amizade mítica entre Dom Quixote e Sancho afirmando que na Idade do Ouro não havia distinção entre o eu e o tu. Esta bandeira foi sendo defraudada ao longo da história por todas as sensibilidades poéticas, seja em nível épico, caso de Dante e Shakespeare, seja em nível profano, como o famoso enunciado de Rimbaud: "*Je suis l'autre*", eu sou o outro.

Plauto, o grande comediógrafo latino, discute em profundidade a questão do duplo no seu *Anfitrião*; por outro lado, na literatura narrativa ou dramática, a expressão *alter ego* popularizou-se, designando a pessoa que faz contraponto ou complementa as qualidades ou atributos de outra. O conceito de duplo, no entanto, abarca uma gama mais complexa de fenômenos, como as personalidades divididas, as imagens especulares, os gêmeos e os sósias, as usurpações de identidade, as aparições disfarçadas do eu, as sombras, os fantasmas, as possessões demoníacas e as visitações dos mortos. Desde tempo imemoriais, o assunto tem suscitado explicações místico-religiosas, reflexões filosóficas e criações artísticas, mas, a partir do século XIX, tornou-se um tema preferencial da literatura romântica ou gótica e das investigações psicanalíticas.

No campo da psicopatologia, seria interessante recordarmos três movimentos que despontaram no período cognominado primeira psiquiatria dinâmica (1775-1900). O primeiro envolveu o "magnetismo animal" como tentativa de remover as possessões demoníacas, que foram cedendo espaço para a emergência de casos de personalidades múltiplas. Depois, desde a Renascença, os estudiosos se interessaram por um poder da mente rotulado de *Imaginatio*, fonte daquilo denominado sugestão e autossugestão. Ao redor de 1784, um terceiro processo predominou como via de acesso à mente "inconsciente", o "sonambulismo artificial", precursor do hipnotismo, que ao longo da história foi descoberto, esquecido e redescoberto.

Neste breve apanhado, interessam-nos sobremaneira os casos de personalidades múltiplas, inaugurados numa das peculiares *Confissões* de S. Agostinho, que, após sua conversão, sentiu-se perseguido por sua antiga personalidade pagã que insistia em visitá-lo em seu sonho, levando-o a discutir a questão da responsabilidade moral do sonhador.

Para ilustrar as implicações psicodinâmicas de um psiquismo tentando "administrar" diferentes personalidades, apresentarei brevemente o caso de Mary Reynolds, publicado pelo dr. John K. Mitchell ao redor de 1815:

> *Ela nasceu na Inglaterra e ainda criança migrou para os Estados Unidos com a família. Eles se estabeleceram perto de Titusville, na Pensilvânia: este era um local ainda inóspito, habitado principalmente por índios e uns poucos brancos, e onde animais selvagens transitavam livremente. Na primavera de 1911, com idade de*

> *19 anos, Mary embrenhou-se pelos campos com um livro na mão, tendo sido encontrada mais tarde desmaiada; ao recuperar-se, permaneceu cega e surda por cerca de seis semanas. Sua audição voltou subitamente, e sua visão gradualmente recuperou-se. Três meses depois, foi encontrada num sono profundo que durou muitas horas e do qual despertou tendo perdido a memória, e mesmo a própria fala. Sua condição parecia a de um bebê recém-nascido. Cinco semanas mais tarde, acordou uma manhã na sua condição natural mostrando-se surpresa com suas mudanças de estado, ignorando que qualquer coisa anormal tivesse ocorrido. Essas alternâncias de um estado para outro continuaram por cerca de 16 anos, mas finalmente cessaram aos 35 anos, abandonando-a permanentemente em seu segundo estado, no qual permaneceu até morrer em 1854.*
>
> *As diferenças entre as duas personalidades eram bastante evidentes. Em seu primeiro estado, Mary era uma pessoa quieta, sóbria e pensativa com uma tendência à depressão e um pensamento arrastado desprovido de imaginação. Em seu segundo estado, ela era alegre, animada, extravagante, sociável, engraçada, piadista e com uma forte inclinação a produzir rimas. Suas duas escritas manuais eram totalmente diferentes. Estando num dos estados, ela tinha noção do outro, temendo regredir para ele, sendo que no segundo estado criticava os outros como estúpidos e insensíveis. (Ellenberger, 1970, p. 128)*

Nos estertores do século XIX, os fatores de motivação, troca de papéis, regressão e progressão da personalidade total foram invocados como elementos na instalação desses quadros, aventando-se a hipótese de que, no fundo, representavam os esforços do organismo para viver, em épocas diferentes, novos sistemas de valores. Hoje em dia, provavelmente, muitos desses quadros seriam diagnosticados como distúrbios bipolares.

No campo psicanalítico, cita-se com frequência o famoso conto de Robert Louis Stevenson, "O médico e o monstro", que, parafraseando o poema de Wilfred Owen que veremos a seguir, poderíamos denominar "O 'estranho desencontro' entre Dr. Jekill e Mr. Hyde", no qual um pacato médico, tendo descoberto uma poção mágica, deixa-se seduzir pela ambição humana de se transformar em uma personalidade mais livre e excitante, acabando nela aprisionado e vítima de seus aspectos sombrios e cruéis.

Na mesma linha, Melanie Klein divulgou o livro de Julien Green, *Se eu fosse você*, em que Fabien, um jovem insignificante em busca de glorificar-se, sujeita-se a fazer um pacto com o diabo, mediante o qual ele se habilitaria a trocar de identidade com quem quisesse, exceção feita a quem portasse uma alma pura. Sua ilusão era escapar do enfado de sentir-se aprisionado por toda a vida no mesmo corpo. Lançando-se com sofreguidão a este poder diabólico, ele logo se dá conta do péssimo negócio que fizera ao se perceber refém de um ser rabugento e reumático, de um assassino brutal com aspecto assustador, ou de um devoto hipócrita disfarçado de carola, mas afoito para exercer seu charme com cara de anjo... Ou seja, uma pequena obra-prima a nos alertar que o castigo de cobiçarmos a felicidade alheia é algo que vem a cavalo.

Essa configuração poderia ser considerada uma espécie de *Schadenfreude* modificada; de fato, a palavra alemã *Schaden* (prejuízo, desgraça, dano) acoplada a *Freude* (alegria, prazer) designa o prazer silencioso (ou às vezes público) que o ser humano nutre diante da desgraça alheia. Quem sabe o ego de Fabien tenha percebido o prazer espúrio que sua cobiça acabou propiciando a seu próprio alter ego?

Para encerrar este esboço sucinto do universo circunscrito pelo eu e pelo outro, sugiro que anos tentemos à tese de Erving Goffman, sociólogo canadense que em seu livro *A representação do eu na vida cotidiana,* valendo-se da metáfora teatral, concluiu que não há um verdadeiro eu, que sempre seríamos resultado da interação com outros e da imagem que fazemos de nós mesmos.

Os estadunidenses, como é do seu feitio, criaram recentemente em Stanford um Centro de Pesquisa em Compaixão e Altruísmo, provavelmente na expectativa de conseguirem descobrir o segredo da gratidão. Na minha opinião, isso não é algo que se ensina, mas algo que brota espontaneamente, como na já mencionada homenagem de Paulinho da Viola a Cartola.

2. Protagonistas

- **Wilfred Owen (1893-1918):** considerado o poeta mais inovador e influente da Primeira Guerra Mundial. Em 1915, alistou-se no Artists Rifles Regiment, sendo ferido três vezes e diagnosticado com "trauma de guerra". Sua intenção era abraçar a bandeira da impiedade e da estupidez da guerra, como explica no prefácio ao livro que publicou com suas poesias um pouco antes de morrer como mártir, uma semana antes do armistício.
- **Wilfred R. Bion (1897-1979):** psicanalista inglês que participou da Primeira Guerra Mundial (pela qual recebeu três condecorações de herói) e, após graduar-se médico, foi introduzido à psicanálise por John Rickman (analisando de Freud) e Melanie Klein. Visitou o Brasil várias vezes, sendo sua obra extensamente difundida na Sociedade Brasileira de Psicanálise de São Paulo.
- **Jorge Semprún (1923-2011):** escritor espanhol deportado para Buchenwald por ser comunista e que precisou digerir emocionalmente o trauma dessa experiência durante décadas,

até conseguir relatá-la ficcionalmente em 1994, em seu livro *A escrita ou a vida*, ou seja, serviu-se da escrita como único instrumento para aliviar seu sofrimento.

- **Primo Levi (1919-1987):** químico judeu deportado para Auschwitz entre 1944-1945, tendo publicado vários livros relatando os horrores dos campos de extermínio. Malgrado suas denúncias detalhadas do genocídio nazista, não suportou sua sobrevivência atormentada, tirando a própria vida.
- **Susan Sontag (1933-2004):** premiada escritora, ensaísta, cineasta, filósofa, crítica de arte e ativista, tendo escrito intensamente sobre fotografia, cultura e mídia, militando contra as guerras e a favor dos direitos humanos e participando de campanhas sobre a aids. Entre outras obras, publicou *Diante da dor dos outros*, *Sobre fotografia*, *Contra a interpretação*, *A psicologia da estupidez* e *A vontade radical*. Recentemente, saiu sua biografia, *Sontag: vida e obra*, por Benjamim Moser.
- **Oscar Wilde (1854-1900):** escritor, poeta e dramaturgo irlandês, conhecido por seu livro mais famoso, *O retrato de Dorian Gray*, mas que, em seu texto *De Profundis*, escrito na prisão, fez um relato pungente da dor emocional gerada por um trágico conflito amoroso.
- **Jean-Claude Carrière (1931-2021):** roteirista, escritor, diretor e ator francês, colaborador de Buñuel, Peter Brook, Nagisa Ōshima e Polanski, tendo roteirizado um filme de nove horas sobre o *Mahabharata*. Interessa-nos, em especial, seu livro *Fragilidade*, inspirado numa bela frase de Shakespeare: "Porém, o homem, o homem orgulhoso, investido com uma curta e fraca autoridade, ignorando completamente o que ele melhor conhece, ou seja, *sua essência frágil como vidro*, semelhante a um símio colérico, representa comédias tão grotescas diante do céu que faria chover os anjos ou, se tivessem o temperamento

de nossa natureza, rir como os mortais!" (*Medida por Medida*, ato II, cena 2, grifos meus).

- **Vassili Grossman (1905-1964):** escritor ucraniano que escreveu *Vida e destino* e acompanhou, como jornalista, as batalhas de Moscou, Stalingrado, Kursk e Berlim, tendo sido um crítico ferino dos totalitarismos, tanto o hitlerista quanto o stalinista. Acompanhou também as perseguições antissemitas, sendo um dos primeiros a divulgar os horrores de Treblinka. Muitos, como George Steiner, o consideram o Tolstói do século XX.
- **Lúcio Cardoso (1912-1968):** escritor brasileiro, autor da obra prima *Crônica da casa assassinada*. Algumas frases desse autor nos introduzem a seu espírito: "Não sou um escritor, sou uma atmosfera"; "Todas as paixões me pervertem, todas as paixões me convertem"; "Sou da raça dos que se alimentam de venenos"; "Escrever é um modo de agonizar de olhos abertos".
- **Dalton Trumbo (1905-1976):** escritor e roteirista estadunidense que, em virtude de seu ativismo-pacifista e seu envolvimento com o comunismo, acabou sendo convocado e preso pelo macarthismo. Seu livro mais famoso, *Johnny vai à guerra*, foi escrito após ter lido um relato dos sofrimentos de um soldado mutilado na Primeira Guerra Mundial.
- **Thomas Hobbes (1588-1679):** filósofo político inglês, formado em Oxford, onde estudou lógica escolástica e a filosofia de Aristóteles. O sistema filosófico por ele concebido compunha-se de três partes: na primeira, estudou mecânica e geometria; na segunda, fisiologia e psicologia; na terceira, o "corpo artificial", denominado sociedade ou Estado. Em seu livro mais famoso, *Leviatã*, um monstro marinho citado na Bíblia, ele representa o poder descomunal do Estado, criador de uma estrutura de domínio permanente expressa pela fase famosa "*Homo lúpus homini*" ("O homem é o lobo do homem"), repercutida por vários autores, entre eles Freud.

- **Mary Midgley (1919-2018):** filósofa moralista inglesa profundamente empenhada no estudo das correlações entre liberdade e moralidade, autora de várias obras, entre elas *O primata ético*.
- Ao final, dois apêndices são apresentados: "Destrutividade" e "Um diálogo performático entre psique e soma".

3. Wilfred Owen: o poeta mártir

Eu consigo encarar o olho da Medusa
sem ter medo de ser petrificado.

Aforismo predileto de Owen

Em 21 de outubro de 1915, Owen alistou-se no Artists Rifles Officers' Training Corps, mas quando entrou em combate, em 1916, foi projetado na cratera de uma bomba, sofrendo concussão cerebral, e posteriormente deslocado pela explosão de um morteiro: esses traumas, acrescidos de um período de alguns dias no qual teve de abrigar-se ao lado do cadáver de um companheiro, causaram-lhe um "trauma de guerra", sendo então internado no Craiglockhart War Hospital, onde conheceu outro poeta, Siegfried Sassoon, que influenciou fortemente sua poesia.

Além disso, teve a sorte de ser atendido pelo dr. Arthur Brock, que o encorajou a transcrever, poeticamente, as experiências dolorosas revividas em seus sonhos, sugestão endossada por Sassoon, que já se entusiasmara com a psicanálise freudiana. Seu estilo, então revestido de uma suavidade romântica, alterou-se diante da "escrita extraída da experiência" de Sassoon, que exalava um realismo resoluto, induzindo-o a criar uma síntese poética portadora de um vigor consolador encarnado na expressão "*the pity of war*", ou seja, "a consternação da guerra".

A obra de Owen acabou se estruturando em torno de dois conceitos, *truth* e *pity*: seriam, respectivamente, uma verdade não revelada e uma piedade destilada não como um sentimento de lástima, mas como uma simpatia, uma *Einfühlung*, uma imersão no sofredor. Quando ele fala dos poetas dizendo: "Como encarar nossa missão/ Como algo apático, fruto de olhos embotados e acuados?", entende-se por que a poesia se resume a piedade.

Sua indignação com a estupidez da guerra, por outro lado, começa com o potencial agressivo da fealdade e do pavor. Em muitos de seus poemas de guerra mais expressivos, sugere que a experiência de guerra para ele foi surrealista, como quando soldados da infantaria sonhavam e alucinavam que estavam congelando até morrer, mas continuavam a marchar por noites a fio sem dormir, perdendo a consciência em função de hemorragias ou mergulhando num estado hipnótico por medo ou por culpa excessiva. As percepções sensoriais desconectadas que surgiam e as confusões de cada um sobre a própria identidade sugeriam uma perda das amarras, não só da pessoa, mas de toda humanidade. Apesar de estar ainda convalescendo de seus ferimentos, e pressentindo que a guerra estava prestes a terminar, ele insistiu em retornar ao fronte, onde morreu uma semana antes do Armistício, não sem antes ser agraciado com a Military Cross por comandar um assalto às fortificações inimigas do povoado de Joncourt. Até então, somente cinco de seus poemas tinham sido publicados, mas, em maio de 1918, ele deixou escrito um singelo "testamento" que acabou sendo publicado como prefácio de suas obras, editadas por Jon Stallworthy em 1986:

> *Este livro não é sobre heróis. A poesia inglesa ainda não está preparada para falar deles. Ele tampouco é sobre façanhas, domínios, nem qualquer coisa sobre glória, honra, poder, vangloria ou força, mas sobre guerra. Antes de mais nada, não estou focado na poesia. Meu assunto é a guerra, e a consternação sobre a guerra. A poesia está embutida na consternação. No entanto, para nossa geração, estas elegias não são, de modo algum, consoladoras. Talvez o sejam para a próxima. Tudo que o poeta pode fazer hoje é advertir: É por isso que o poeta precisa ser verdadeiro.*

Que eu saiba, não possuímos traduções das poesias de Owen e, por isso, aventurei-me a traduzi-las livremente. Apresentarei algumas das mais significativas, acompanhadas de alguns comentários críticos para contextualizá-las e esclarecer algumas expressões do jargão militar da época, começando pela mais famosa intitulada "Strange Meeting":

Estranho encontro

Era como se eu tivesse escapado da batalha
Me afundando num túnel profundo e sombrio, há tempos escavado
Através de granitos que guerras titânicas tinham abobadado.

Agora, ali também, pessoas dormindo gemiam atravancadas,
Arraigadamente envolvidas com o pensamento ou a morte para se arrepiarem.

Então, quando eu as provoquei, uma se levantou, encarando-me
E estampando um reconhecimento piedoso nos olhos insistentes,
Levantando mãos aflitas ansiosas por abençoar.
E por seu sorriso, reconheci aquele espaço tenebroso
Por seu sorriso sem vida, percebi que estávamos no Inferno.

A visão daquela face granulou-se de dores mil;
E, no entanto, nenhum sangue ali chegava alçando-se do solo,
Nem as armas ribombavam, ou gemiam as fornalhas soterradas.
“Estranho amigo”, eu disse, “aqui não há razão para condoer-se”.
“Nenhuma”, retrucou o outro, “salvo os anos perdidos,
E a desesperança. Qualquer que fosse sua esperança,
Isto era parte de minha vida; me lancei a uma caça selvagem
Em busca da beleza mais indômita do mundo,
Que não repousa em olhos calmos, ou em cabelos engalanados,
Mas que zomba da passagem inexorável do tempo,
E que, se ela se aflige, se aflige mais exuberantemente que aqui.
Pois, muitos homens poderiam ter rido de minha alegria,
E de meu pranto um legado poderia emergir,

Que agora teria que morrer. Refiro-me à verdade calada,
O compadecer-se da guerra, o destilar da guerra compadecida.
Agora os homens ficarão contentes com aquilo que anunciamos,
Ou, descontentes, ferverão sangrentos e se derramarão.
Tornar-se-ão espertos, envoltos na esperteza da tigresa.
Ninguém cometerá transgressões, mesmo que as nações recuem do progresso.
Possuidor de coragem, ganhei mistério,
Possuidor de sabedoria, ganhei maestria;
Para perder a marcha deste mundo em retirada
Em direção a vãs cidadelas em muralhas.
Então, quando o sangue for suficiente para emperrar as rodas de seus carros de guerra,
Levantar-me-ei para lavá-las com ajuda de doces poços,
Inclusive com verdades imaculadas de tão profundas.
Eu teria deixado meu espírito extravasar generosamente
Mas não através de feridas; não pelo fim da guerra.
As frontes dos homens sangraram de onde feridas não havia.

"Meu amigo: eu sou o inimigo que você matou
Eu te reconheci nesta escuridão; foi esta mesma expressão sombria
Que ontem me trespassou enquanto você me apunhalava e matava.

Tentei me defender, mas minhas mãos estavam frágeis e frias.
Mas, agora, durmamos...

O título "Strange Meeting" deve ter sido extraído do poema "The Revolt of Islam", de Shelley, em que um soldado subitamente desperta entre "amigos e inimigos" que acabam se confraternizando espontaneamente, demonstrando que a categoria do "soldado desconhecido" não passa de uma abstração interpretativa:

E um cuja lança me trespassara inclinou-se ao lado,
com lábios trêmulos e olhos úmidos – e todos se
pareciam com alguns irmãos que partiram em
extensa viagem, e que agora, participaram de um estranho encontro,
numa terra estranha, com outro a quem poderíamos chamar de
amigo, chefe, pai, em função da demonstração de
perigo, que os salvara da escravidão da Morte agora sofrida.
Assim, a vasta disposição daquelas mãos fraternais, se reconciliaram
aquele dia. (Canto V, XIII, tradução livre)

A "cenografia" do poema de Owen certamente deve muito ao poema "A retaguarda", de seu mentor Siegfried Sassoon, por muitos cognominado "herói acidental", que ele encontrou no Craiglockhart War Hospital, em Edimburgo, onde se recuperava de um grave ferimento de uma explosão de um morteiro que o lançou aos ares, projetando-o no buraco sombrio de uma trincheira. A concussão cerebral que sofreu acarretou-lhe alucinações e pesadelos que explicam a atmosfera sombria onde retratou aquele estranho encontro entre um soldado alemão e o soldado inglês que o matara ou, como preferem alguns críticos, entre o próprio poeta e seu alter ego acolhedor.

O poema de Sassoon nos mostra como a metáfora do abrigo subterrâneo funde, de forma assustadora, um elemento de proteção contra bombardeios com a perspectiva claustrofóbica de ser enterrado em vida:

Tateando passo a passo pelo túnel,
Ele tremeluziu sua tocha espiã com um brilho variegado
De um lado para o outro, farejando o ar insalubre
Latas, caixas, garrafas, contornos muito
Tênues para se saber,
Um espelho quebrado, um colchão de cama;
E ele, explorando quinze pés abaixo
A rósea melancolia da batalha em curso acima.
Tropeçando, ele atracou-se à parede: e viu alguém
Estender-se curvado a seus pés, semi-encoberto por
Um tapete, e abaixou-se para puxar o braço daquele que dormia.
"Estou em busca do centro de operações". Sem resposta.
"Deus exploda seu pescoço!" (Há dias ele não dormia),
"Levante-se e me guie por este lugar fedorento".
Furioso, ele chutou um montículo mole e impassível.
E cintilou seu feixe luminoso pela face lívida
Que iluminou-se terrivelmente, e cujos olhos ainda portavam

A agonia que morrera energicamente dez dias antes;
E mãos endedadas apertavam uma ferida enegrecida.
Solitário, ele cambaleou até encontrar
O fantasma do amanhecer que se infiltrava descendo a escadaria do poço,
Em direção às criaturas subterrâneas aturdidas e tartamudeantes
Que escutavam o troar das bombas em sons amortecidos.
Ao final, com suores de horror no cabelo,
Ele alçou-se da escuridão para o ar crepuscular,
Desembaraçando-se compassadamente do inferno, às suas costas.

Já o poema de Owen, escrito provavelmente na primavera de 1918, é uma dramatização do conflito central insolúvel de sua vida como poeta/pacifista *vs.* oficial/patriota. O poeta começa com uma descrição visionária do trajeto de uma alma em direção ao além, sincopando uma fieira de vogais ("*down some profound dull tunnel, long since scooped*") e inaugurando uma sequência de assonâncias (*dull/tunnel*) que se estendem até o final (*groined/groaned, hall/Hell, spoiled/spilled, mystery/mastery* etc.).

Ao encarar uma das almas letárgicas, ela se mostra sofredora ("A visão daquela face granulou-se de dores mil"), mas amistosa ("Levantando mãos aflitas ansiosas por abençoar"), lançando um convite solidário ao poeta-carrasco ("Qualquer que fosse sua esperança,/ Isto era parte de minha vida "). Recrimina-se por ter desperdiçado seus anos em busca da verdade poética (e, implicitamente, da defesa apaixonada da impiedade da guerra), em vez de usar sua arte para ensinar as pessoas a sofrer, a se alegrar e a ser verdadeiras. A escolha da "arma errada", a própria guerra, induzirá os homens a embarcar no equívoco ("ficarão contentes com aquilo que anunciamos") e, pior, os tornará hipócritas ("Ninguém cometerá transgressões, mesmo que as nações recuem do progresso").

Nas últimas linhas, Owen assume sua parcela de culpa: ele matou seu *self* especular, o poeta militando nas hostes inimigas, e agora tem de encará-lo no Inferno. O artista-soldado empreende uma peregrinação de universalidade arquetípica: o túnel profundo é seu próprio inconsciente, onde ele se confronta com seu envolvimento com a guerra... mas também com a mão estendida de um "estranho amigo".

Vulnerabilidade

Nossos cérebros doem, açoitados pelos ventos orientais gelados e implacáveis que nos apunhalam...

Extenuados mantemo-nos despertos, pois a noite é silenciosa...

Fulgores baixos e esmaecidos confundem nossa memória da linha de frente...

Preocupadas pelo silêncio, as sentinelas cochicham, curiosas, nervosas,

Mas nada acontece.

Vigilantes, escutamos as lufadas enlouquecidas acossando os alambrados,

Como agonias retorcidas de homens envoltos por sarças.

Ao norte, incessantemente, a artilharia bruxuleando ribomba,

Longínqua, como o rumor abafado de alguma outra
guerra.
O que fazemos aqui?

A miséria pungente da aurora começa a aumentar...
Só sabemos que a guerra persiste, que a chuva encharca,
e as nuvens balouçantes tempestuam.
Concentrando no oriente seu exército melancólico
Ataca uma vez mais em fileiras com o tremor de fileiras
acinzentadas,
Mas nada acontece.

Súbito e sucessivos voos de balas riscam o silêncio.
Menos mortiferamente que o ar que estremece negro
com a neve,
Com flocos graciosos oblíquos que se congregam, estan
cam, e se renovam;
Nós os observamos vagando para cima e para baixo com
a indiferença do vento,
Mas nada acontece.

Pálidos flocos, num tatear furtivo, vão sentindo nossas
faces –
Nos retraímos em buracos, retomando sonhos esquecidos,
e encaramos, aturdidos pela neve,
As trincheiras arrelvadas em profundidade. E assim,
cochilamos, embalados pelo sol,

Confusos, com florescências gotejando onde o melro cavouca.
Será que estamos morrendo?

Vagarosamente nossos fantasmas arrastam-se para casa: vislumbrando os bombardeios minguantes, luzindo vitrificados.

Com joias incrustadas de um vermelho sombrio; os grilos tilintam ali;
Os camundongos inocentes rejubilam-se por horas: a casa é deles;
As venezianas e as portas, todas se fecham: as portas fecham-se para nós, –
Retornamos ao nosso morrer.

Como acreditamos não diferentemente que fogos benfazejos possam se inflamar;
E nem que sóis possam sorrir verazmente à criança, ou ao campo, ou à fruta.
Nosso amor atemoriza-se diante do salto insuperável de Deus;
Portanto, de boa vontade ficamos aqui; por isso nasceram,
Pois o amor a Deus parecia perecer.

Esta noite, esta geada fixar-se-á nesta lama e nós
Enrugaremos muitas mãos, franzindo testas em contração.
A brigada de sepultamento, com picaretas e pás se agitando,

Vacila com expressões quase desconhecidas. Todos os seus olhos são gélidos,

Mas nada acontece.

Talvez o melhor título para este poema seria "Espera angustiante", já que Owen intercalou uns "refrões" entre as estrofes, criando uma atmosfera expectante: se nos fixarmos só nesses elementos, passamos a sentir a tensão dos soldados abandonados num descampado coberto de neve.

Especula-se que Owen teria se inspirado numa frase de Keats em sua "Ode a um rouxinol": "Meu coração lateja, e um entorpecimento insensível tortura meus sentidos". A espera de Keats diante da morte iminente por tuberculose e a entrega de Owen a uma morte indignada na guerra entram aqui em ressonância com os lamentos soluçantes dos soldados enregelados: "Mas nada acontece – O que fazemos aqui? – Mas nada acontece. – Mas nada acontece. – Será que estamos morrendo? – Retornamos ao nosso morrer – Pois o amor a Deus parecia perecer – Mas nada acontece".

Naquele cenário espectral, as mortes iminentes eram equacionadas com um nada banal e inevitável. No geral, o poema encena experimentos requintados quanto à métrica, a onomatopeia e o ritmo, criando um cenário onírico de alienação.

Futilidade

Ó vida tão fútil, então, quanto frágil?
("In Memoriam" – Tennyson)

Desloque-o em direção ao sol –

Gentilmente, seu toque o despertou outrora,

Em casa, um sussurrar de campos não cultivados.
Sempre o despertou, até na França,
Até esta manhã e esta neve.
Se algo pudesse despertá-lo agora
O velho sol bondoso saberia.

Pense em como ele desperta as sementes –
Como despertou uma vez a argila de uma estrela fria.
Estariam os braços, tão custosamente adquiridos, e as faces,
Enervadas – e ainda quentes – tão enrijecidos para reagir?
Foi para isso que a argila ganhou envergadura?
– Ó, o que fez os tolos raios solares labutarem
Para quebrar, de algum modo, o sono da terra?

Esse poema ecoa o "In Memoriam A. H. H.", de Tennyson: "Ó vida, tão fútil quanto frágil?". Segundo Jeffares e Gray (1997), ele retrata um soldado morto que o sol não consegue despertar, como faz com as sementes do solo. Qual seria o propósito da criação se o homem está fadado a morrer? O sol é gerador de vida e, como tal, um substituto para uma força moral e criativa que, disfarçadamente, se oferece como réu no lugar de Deus, acusado de criar o homem, o artífice da guerra. Por isso, ao final, o brado indignado: "Foi para isso que Deus criou o homem?".

Formalmente, o poema possui uma elegância estudada, usando uma série de antíteses alusivas: homem e natureza, futilidade e diligência finalista, passado e presente, criação e destruição. Seu tom geral é sereno, grave e impessoal: não se menciona a guerra nem banhos de sangue. A futilidade da guerra repousa na brutalidade humana contra seus semelhantes.

O show

Tínhamos caído nos sonhos que os eternamente vivos
Sopram no espelho embaçado do mundo
E então removem com mãos e suspiros de marfim.
(W. B. Yeats)

Minha alma olhou para baixo mal alçada à altura da Morte,
Como se esquecida do como e do por que eu subi,
E vislumbrei uma terra triste, enfraquecida por suores de carestia,
Cinza, encraterada como a lua com infortúnios ocos,
E escavada com grandes pústulas e crostas infectadas.

Perfurando suas farpas, aquele horror de áspero arame,
Ali se moviam finas lagartas, lentamente desenroladas.
Parecia que elas se lançavam a funcionar como tampões
De fossas, onde, mortas, elas se contorciam e atrofiavam.

Por elas, trajetos viscosos foram traçados e raspados
Em volta de miríades de verrugas que lembravam minicolinas.

Estas criaturas há muito enfileiradas se arrastavam dos últimos resíduos da escuridão,
Esmaecendo-se no crepúsculo em busca de cavidades ocultas.

(O cheiro alçou-se daquelas pútridas aberturas
Como se egresso de bocas, ou de profundas feridas afundadas).

Mais e mais, em pés tremidos que se alçam unidos,
Cordéis amarronzados, em vias de se acinzentarem e com apoios ouriçados,
Todos egressos de campos verdejantes, concentram-se na lama.
Aqueles acinzentados, como se desovados incessantemente,
Esbravejavam com os demais, comendo-os e sendo comidos.

Vi seus traseiros mordidos se curvarem, arquearem, retesarem.
Presenciei aquelas agonias se encresparem, se alçarem e se achatarem.

Assim sendo, cambaleei e me arrepiei, como uma pena caindo ao solo.

E a Morte caiu comigo, como um gemido profundo.
E Ela, à maneira de um verme que semiescondesse
Suas feridas na terra, sem poder continuar rastejando,
Mostrou-me seus pés, os pés de muitos homens,
E a cabeça recém-cortada daquilo, a minha cabeça.

Na Primeira Guerra Mundial, os soldados criaram uma gíria para descrever as batalhas como um teatro, chamando-as de "show". Nesse poema implacavelmente desolado, o poeta-narrador, acompanhado de uma personificação da Morte, posiciona-se acima do campo de batalha para observar sua paisagem grotesca constituída por duas colunas inimigas (as inglesas de cor cáqui e as alemãs de cor marrom) que, tal qual lagartas esfomeadas, avançam para se devorarem.

Ao final, ele baixa à terra onde a Morte lhe mostra um daqueles "vermes" com a cabeça cortada, talvez um duplo do próprio poeta abandonado; nesta "*no man's land*", ele vislumbra um corpo cheio de pústulas com um hálito tumoral, parecendo-se com a face da lua, salpicada de crateras inabitável e horrorosa: a moradia da loucura. Esta queda solidária e dramática do poeta com a Morte, evoca o famoso enunciado de Dante ao final do Canto V do Inferno: "E caí, como um corpo morto cai!".

Na epígrafe, ao citar uma estrofe do poema "The Shadowy Waters", de Yeats, Owen cometeu um lapso (ou agiu proposital e provocativamente) trocando a palavra *burnished* = polido, por *tarnished* = embaçado, referentes ao "espelho do mundo". Ora, Yeats fizera uma crítica forte às descrições de Owen sobre a impiedade da guerra, entendendo que isso não seria um tema poético: teria sido um lapso sutil para abalar a fantasia otimista da crítica?

A terra

(sendo a filosofia de muitos soldados)

Sentado na cama. Estou cego e com três estilhaços no corpo.

Sede cuidadoso; agora não posso dar a mão; nunca poderei.

Ambos os braços se amotinaram contra mim – brutos.
Meus dedos se impacientaram como dez fedelhos preguiçosos.

Tentei morrer bravamente – negativo!
Morre-se na guerra como com qualquer doença antiga.
Esta bandagem soa como centavos em meus olhos.
Possuo medalhas? – Discos para tampar os olhos.
Minhas gloriosas insígnias? – Descosidas das minhas costas
através de fragmentos escarlates. (Esta é para seu livro de poesias).

Uma vida curta e feliz, eis meu sonho!
Costumávamos dizer que odiaríamos uma vida velha e morta –
Mas agora... eu de boa vontade seria empolado, trivial,
E patriota. Os amortecedores são bem recebidos pelos rapazes
pelo menos as piadas que lhes são impingidas. Suponho
ter ensinado pouco a um filho, a não ser golpear,
atirar, guerrear, caçar, todas as artes do machucar.
Bem, foi isto que aprendi – isto, e ganhar dinheiro.

Vossos cinquenta anos pela frente não parecem suficientes?
Diga-me, quantos tenho garantido? Meu Deus! Só um mísero ano

para só me divertir com respirar!
Uma primavera! Será que somos tão competentes para economizar tanto?
O vento primaveril buscaria seu próprio caminho em busca de meu pulmão,
dotando-me de pernas tão ágeis quanto brotos de lilás.

Meu serviçal coxeava, mas ouça seus gritos!
Quando sou arrastado, ele ainda dá no couro.
Aqui, no sarcófago desta múmia, quer saber, pensei
Que poderia ter escovado eternamente seus assoalhos com perícia.
Eu não necessitaria de folgas noturnas quando o alvoroço terminar,
curtindo a sujeira ao máximo. Quem sai perdendo
na disputa contra uma mão inflexível quanto a sua própria sujeira,
menos viva do que partículas revoltas sob os raios solares,
menos cálida do que a poeira que se mistura ao bronzeamento dos braços?
Agora, adoraria ser um limpa-chaminés, negro como a Cidade,
sim, ou um lixeiro. Eu deveria ser seu fardo?

Ó Vida, Vida, deixe-me respirar – um rato desentocado!
A vida que levam os ratos não é pior que a nossa –
Farejando ao longo da noite em busca de uma trilha segura,

E encontrando um abrigo antibombardeio antes de apodrecerem.
Os homens mortos podem invejar os ácaros vivos dos queijos,
Ou mesmo os germes benéficos. Os micróbios têm suas alegrias,
Se multiplicam, nunca chegando a morrer.
As flores, com certeza, passam pela vida com facilidade,
"Eu estarei em uníssono com a natureza, com as ervas e as pedras",
Shelley me diria. Shelley teria se aturdido:
O soldado inglês mais embotado abraça agora aquela fantasia.
Sua crença, quer saber, é "comer capim pela raiz".

Minha gordura, então, vira pó, minha seiva rebentos,
Componentes utilitários na composição do sabão.
Você acha que o Boche algum dia cozinhará um ensopado humano?
Em algum momento, acho que sim, caso...
Amigo, esteja seguro de que

me sentirei em melhor companhia com plantas que compartilhem
mais tranquilamente o prado e a chuveirada.
Chuvas suaves tocar-me-ão – como poderiam fazê-lo outrora,
Mas nada, fora o sol, irá me conferir substância.

Vossas armas poderão ribombar em torno de mim. Mas não escutarei;
Ou, se eu estremecer, não perceberei que estremeci.

Não ridicularize o desconforto de minha alma.
As almas dos soldados se desenvolverão quando transformadas em frondes,
Mas, no caso, o melhor ficará em casa com os amigos.

Minha alma é um pequeno desgosto, engalfinhando-se em seu peito,
Tentando escalar vossa garganta mediante soluços; facilmente escorraçada
por outros suspiros e varrida por novos ventos.
Transporte meu espírito chorando até que ele se acostume
a ser independente do sangue que persiste nas feridas.

"Do pó viemos, ao pó retornaremos" (Gênesis 3:19). Inspirando-se nesta conhecida passagem da Bíblia, Owen monta um monólogo onde um soldado condenado a morrer dirige-se a um pretenso poeta, fornecendo-lhe matéria para uma poesia a partir de suas "últimas falas".

Confinado numa cama, imobilizado por bandagens, como uma múmia, ameaçado pelo gesto final de ter seus olhos fechados pelo peso de moedas ou medalhas, ele agarra-se a todo e qualquer fio de esperança que prolongue sua sobrevivência. Para ilustrar sua negociação, Owen vale-se de um poema de Siegfried Sassoon, onde ele descreve um major execrável como "bravo, careca e ofegante . . . de aspecto empolado e trivial", que foge da luta pretendendo morrer com segurança na cama. Assim, desesperado, o soldado confessa que até fingiria ser um patriota empolado e trivial.

Tomado por uma nuvem de culpa, confessa-se um pai medíocre e um sobrevivente sequioso de curtir cada átomo de vida, mesmo a mais humilde e simplória, como a dos ratos e dos vermes. Neste momento, talvez pressentindo sua morte, imbui-se da beleza destilada pela poesia de Keats, que cantou a unificação do homem com a natureza, e pela poesia de Shelley, que, ao exaltar a expressão *pushing up daisies* (literalmente "incitar as margaridas", mas figuradamente "fertilizar o solo com a minha decomposição"), passa a aceitar a inevitabilidade do seu fim. Ao abraçar essa alternativa, ele está ironicamente ridicularizando a propaganda britânica de que os alemães (os Boches) cozinhavam os soldados mortos para fazer sabão.

Sorria, sorria, sorria

Com a cabeça perfilada a cabeças vacilantes, o ferido de olhos-encovados perscrutava

O Correio de ontem: as baixas (impressas em minúsculas)

E (em maiúscula) O Grande Butim de nossa Última Pilhagem.

Também, leram sobre promoção de lares, a serem planejados,

"Para", explicava o jornal, "quando esta guerra acabar,

Os primeiros instintos das pessoas serão de construir seus lares.

Entrementes, suas maiores necessidades são de aeródromos,

Já que a guerra mal começou.
A Paz faria mal para nossos mortos imortais –
Os filhos que oferecemos lamentar-se-iam de ter morrido
Se não tivéssemos deixado nada duradouro a seu favor.
Precisamos ser solidamente indenizados.
Apesar de todos nós merecermos a Vitória que compramos,
Nós legisladores, sentados nesta velha função
Estaríamos iludindo nossos próprios eus se esquecêssemos
Que a maior glória será daqueles que lutaram,
Para preservar a integridade desta nação".
Nação? – Os leitores semimutilados não se irritaram
Mas sorriam entre si curiosamente
Como homens secretos cônscios de sua secreta segurança.
(Eis o que eles sabem, mas nunca falam,
Que a Inglaterra, passo a passo, se refugiava na França,
Não em muitos outros lugares, a não ser sob proteção da França).
As imagens destes sorrisos generosos aparecem a cada semana,
E as pessoas, em cujas vozes soam sentimentos verdadeiros
Dizem: Como eles sorriem! Eles agora estão felizes, pobres trastes.

O intuito deste poema é nos alertar, num tom de melancolia, sobre como o sorriso fácil pode ser volúvel, a menos que esteja recheado de esperança. O marketing comunicacional do andamento da guerra nunca deveria ser tomado por seu valor de face. Os soldados abandonados à sua própria sorte têm todo o direito de devanear a respeito de um futuro pacífico, mas deveriam ser alertados quanto à presença de um inimigo oculto: a ilusão do desejo.

Ao nos confrontar com a ideia de que "A Paz faria mal para nossos mortos imortais", Owen nos adverte a respeito dos apelos sedutoramente enganosos do heroísmo e da glória "Para preservar a integridade desta nação". Mas ele indaga, o que é a nação? Na visão de um outro Wilfred, o Bion, que também lutou naquela guerra, seria uma "puta velha" que envia seus filhos para o cadafalso. Deveríamos classificá-los como pessimistas, ou como realistas, como preferia Beckett?

Nos próximos três poemas ("A parábola do velho e do jovem", "As armas e o menino" e "O sonho do soldado"), Owen expressa sua compaixão pela juventude desamparada.

A parábola do velho e do jovem

Foi assim que Abraão levantou-se, cortou lenha e se foi,
Levando com ele o fogo, e uma faca.
E na medida em que eles dois se encontraram,
Isaac, o primogênito, falou dizendo: Pai meu,
Temos aqui o necessário: ferro e fogo,
Mas, onde está o cordeiro para esta calcinante oferenda?
Então, Abraão atou o jovem com cintos e correias,
Construindo parapeitos e trincheiras ali,
Esticando a mão com a faca para matar seu filho.

Quando, olha só! Um anjo, vindo do céu, lhe disse:
Não encostes no garoto, não lhe causes qualquer mal.
Veja: um carneiro prendeu seus chifres na moita.
Mas o velho homem não ouviu, e matou seu filho.
E, uma a uma, metade das sementes da Europa.

As armas e o menino

Permita que o menino experimente, na companhia da lâmina desta baioneta
Quão frio é o aço, quão afiada é sua sede de sangue;
Sombrio com toda malícia, como um lampejo de loucura;
E delgadamente arrebatado e sequioso por carne.

Empreste-o para afagar estas balas de chumbo cegas e opacas,
Que anseiam por se aninhar nos corações dos rapazes,
Ou oferecer a eles cartuchos de dentes de zinco refinados
Aguçados com a mordacidade do pesar e da morte.

Pois seus dentes prestam-se a sorrir em volta de uma maçã.
E garras não se emboscavam atrás de seus dedos maleáveis;
E Deus não implantará garras em seus calcanhares,
Nem chifres perfurando a abundância de sua cabeleira.

O sonho do soldado

Sonhei que Jesus, bondoso, emperrou os mecanismos das armas ameaçadoras;

E instalou um bloqueio permanente em todas as culatras;
E afivelou com um sorriso as Mausers e os Colts;
E enferrujou toda baioneta com Suas lágrimas.

E que não havia mais bombas, nossas ou Deles,
Nem mesmo uma velha espingarda de pederneira,
Nem mesmo um pikel.
Mas Deus estava aborrecido, e transferiu todo o poder para Miguel;
E quando eu acordei, ele pôde conferir nossa ressureição.

Discutiremos agora três poemas de Owen ligados à sua compaixão pela juventude desamparada. Recém-egresso da adolescência, mas precocemente amadurecido pela perda do status social, pelo desencanto com o cristianismo volúvel e pelas angústias de sua homossexualidade enrustida, ele se compadecia com fervor da juventude desamparada, algo claramente visível nesses poemas.

No primeiro, ele recorre a uma transcriação da história bíblica de Abraão e Isaac, escolhendo a parábola como título com intenções evocativas (a pedagogia dos Evangelhos) e provocativas (expor a desumanidade dos líderes políticos). Esses efeitos são reforçados pelo uso de polissíndetos anafóricos, aquela retórica panfletária que repete uma palavra com intuitos proselitistas (e cortou a lenha, e transportou o fogo, e uma faca, e construiu parapeitos e trincheiras etc.).

Essa persistência rítmica prepara o leitor para o final inesperado, em que, ao contrário do texto bíblico, Abraão persiste na intenção de matar seu filho como prova de sua lealdade a Deus, enquanto os líderes europeus persistiam no envio dos seus filhos para a morte na guerra.

O poema "As armas e o menino" propõem um contraste tristonho com a sentença de abertura da Eneida de Virgílio: "Eu canto de armas e de homens". Em essência, somos tocados pelo contraste entre as propriedades assassinas das armas e a inocência indefesa do menino, que está sendo treinado para usá-las.

Aqui, também, as aliterações sugerem que os elementos mortíferos, as lâminas de balas, quase que emitem gritos amedrontadores em direção a seus alvos: *blade/blood*, *flash/flesh*, *leads/lads*, *teeth/death* (lâmina/sangue, centelha/carne, chumbos/rapazes, dentes/mortes).

As lâminas das baionetas na primeira estrofe e os projéteis na segunda acabam sendo personificados como organismos cheios de desejos de focinhar os corpos de suas vítimas para penetrá-los. Por fim, há uma dissociação entre o menino inocente, cujo espírito não é demoníaco, e as armas diabólicas que matam como garras mortíferas.

O terceiro poema imagina o sonho de um soldado que expressa a realização de um desejo infantil, em que Jesus corre em seu auxílio para, magicamente, sabotar o funcionamento das armas mortíferas. A regressão a estados infantis é, como sabemos, uma defesa comum diante de obstáculos ou ameaças iminentes.

Problemas mentais

Quem são estes? Por que eles estão sentados aqui no lusco-fusco?
Para que eles se acalentam, sombras purgatoriais,
Línguas lânguidas de tagarelas que babam por gulodices,
Dentes desguarnecidos que esguelham como dentes de crânios pecaminosos?

Golpes sobre golpes de dor – mas que pânico lento
cinzelou estas fendas envolta de ocos oculares atormentados?
Eternamente de seus cabelos e pelas palmas de suas mãos
Sudoreses miseráveis. Certamente teríamos morrido
Dormindo, e trilhado o inferno; mas de quem o infernal?

– Estes são homens cujas mentes os mortos arrebataram.
Dedos memoriosos em seus cabelos assassinos,
Assassínios em massa que eles uma vez testemunharam.
Crostas enchumaçadas de carne estes abandonados perambulavam,
Perseguindo o sangue de pulmões que amaram o riso.
Eles sempre precisavam reviver estas coisas,
Bombardeios de armas e estilhaços de músculos voadores,
Uma carnificina incomparável, e o desperdício humano
Empilhado espessamente para a liberação destes homens.

Assim, seus globos oculares ainda se encolhem atormentados
Retornando a seus cérebros, pois em suas avaliações
A luz do sol parece uma mancha de sangue; e a noite chega negro-sangue;
A aurora se rompe como uma ferida que volta a sangrar.
– Então, suas cabeças portam esta horrível falsidade – hilária e odienta,
De cadáveres com sorrisos pré-fabricados.
– Então, suas mãos estão dedilhando entre si;

Escarafunchando os açoites encordoados de seus flagelos;
Sequestrando a nós que os castigamos, irmão,
Nos dando patadas, a nós, que os conduzimos com guerra e loucura.

Este poema está dedicado às dolorosas vivências de milhares de soldados, vítimas de distúrbios psiquiátricos, consequentes a "traumas de guerra" (*shell shocks*): estima-se que, ao longo da sangrenta Batalha do Somme, mais de 30 mil soldados foram admitidos para tratamento. Rotulá-los de "casos mentais" evoca sua revolta já na época em que, entrando em contato com os "profissionais do púlpito" ao estagiar numa sacristia da vizinhança onde morava, constatou que os sofrimentos humanos eram ali tratados como "casos". Que palavra dura! Exala o sabor de um profissionalismo rígido e frígido, evocando uma desumanidade mecânica revestida de uma polidez hipócrita.

Sua intenção foi retratar o cenário de horrores que presenciou por vários meses nos hospitais de Gailly e Craiglockhart, onde, além de sintomas mais leves como tremores, sudoreses e insônias, havia um grande contingente de casos graves: alguns tiveram membros mutilados, outros emudeciam ou gaguejavam, ou murmuravam palavras incoerentes.

Não bastasse a condição trágica desses infelizes, pairava sobre eles uma nuvem de desconfiança, como se fossem obrigados a fornecer provas de não serem covardes fingidores ou portadores daquilo que a gíria militar denominava *self inflicted wounds*, SIW, aqueles que se feriam propositalmente para livrar-se do sofrimento maior.

Em Gailly, Owen foi atendido pelo neurologista William Brown, que, intuitivamente, induzia os pacientes a relatar suas experiências traumáticas, visando ab-reagir a vivência crucial de seus colapsos: ele, porém, contava com desembaraço seus sentimentos, muitas vezes expressos sob a forma de poesias. Talvez sua firmeza ao evocar o horror das dores alheias, em paralelo com as suas, possa ser atribuída a uma de suas metáforas favoritas: "Eu consigo olhar no olho da Medusa e não me transformar em pedra!".

Socado naquele buraco afunilado

Socado naquele buraco afunilado, eles observavam o alvorecer
Pela abertura de uma borda denteada; um bocejo
De mandíbulas mortas, que só não os tinha engolido
Por estarem grudados no final de sua garganta encatarrada.

Eles estavam numa das muitas bocas do Inferno
Invisíveis aos videntes com visões; sentidos somente
Como dentes de ratoeiras; quando os ossos e os mortos são farejados
Sob a lama onde jazem há tempos
Misturados ao cheiro agudamente ácido das bombas.

Em um manuscrito esboçado em 1916, denominado por Owen "Paixões purgatoriais", ele descreve sofrimentos de figuras condenadas com sorrisos cadavéricos, membros supliciados, olhos repuxados imersos em gosmas azuladas, cabelos eriçados com "terrores eternos" e exsudações sanguinolentas escorrendo das mãos e pés. Como vemos, descrições muito mais apropriadas ao Inferno que ao Purgatório: por que, então, teria ele invocado esta "invenção" suspeita da Igreja Católica, que, a partir do século XII, instituiu a prática mercantilista da venda de indulgências denunciada por Dante como o pecado da simonia?

Uma hipótese é que o Purgatório traz em seu bojo um hálito esperançoso, algo que poderia contrapor-se às suspeitas de ele ser um pessimista, ou mesmo um eterno cético quanto à natureza perversa da espécie humana. Será que ele precisou inventar um "laboratório" para estudar melhor como regenerar as paixões purgatoriais, já que, naquele então, Jacques Le Goff ainda não tinha publicado o seu excelente *O nascimento do purgatório*?

Embalado por esses conflitos e traumatizado pelos buracos das trincheiras e pelas crateras das bombas, ele começa a explorar as vivências de seres "socados em buracos afunilados" até chegar o momento redentor em que eles, depois de mortos, acabam participando de uma confraternização no além, onde as almas, que na vida terrena se digladiavam cegamente, conseguem finalmente descobrir a solidariedade e o respeito mútuos: a isso, ironicamente, Owen chamou de "estranho encontro", ou seja, para que as amizades floresçam, seria preciso antes morrer.

Insensibilidade

I

Felizes aqueles que, ainda antes de serem mortos,

Permitem que suas veias se enregelem.

Para quem nenhuma compaixão é escarnecida

Ou permitem que seus pés virem chagas

nas alamedas pavimentadas com seus semelhantes.

A linha de frente definha,

mas se trata de tropas esmaecidas, não flores.

Para os caprichos lacrimosos dos poetas:
ou vagas preenchidas que os homens assassinarão.
Baixas, daqueles que poderiam ter lutado
ainda mais; mas ninguém está se importando com isso.

II

E alguns deixam de sentir
até a si próprios ou por si próprios.
O embotamento administra melhor
o aborrecimento e a dúvida da destruição.
E a estranha aritmética do acaso
fica mais simples que o cômputo de seus soldos.
Eles não fiscalizam a dizimação do exército.

III

Felizes aqueles que perdem o discernimento:
já se sentem contentes com a munição que carregam.
Seus espíritos não arrastam fardos.
Suas velhas feridas, protegidas pelo frio, já não latejam.
Tendo visto o vermelho por todas as coisas,
seus olhos se livrariam para sempre
do sofrimento da cor do sangue.
E ao se extinguirem os primeiros espasmos de terror,
seus corações permanecem pouco desentranhados.
Seus sentidos, ressecados por certa cauterização na batalha,
e agora há tempo siderados,
podem sorrir entre os moribundos, apáticos.

IV

O soldado que feliz retorna para casa perde a noção
de como, algures, todo amanhecer desperta com ataques humanos,
consumindo muitos suspiros.
Felizes os rapazes cujas mentes não foram amestradas:
poderão esquecer seus dias com mais facilidade.
Eles cantarão enquanto marcham
Enquanto nós marchamos taciturnos no lusco-fusco,
em direção ao longo e desesperançado destino
que leva do dia extenso até a noite incomensurável.

V

Nós, de espírito aberto, que com um pensamento esparramamos
sangue por toda a nossa alma,
como poderíamos empreender nossa arte
se as visões dos soldados não estivessem entorpecidas e calejadas?
Vivos, eles não são demasiadamente vitais;
Mortos, não são demasiadamente mortais;
nem tristes, nem orgulhosos,
nem de modo algum curiosos.
Eles não conseguiriam inferir
as serenidades dos mais velhos, a partir das deles.

VI

Mas, amaldiçoados sejam os embotados que não se atordoam
com as bombas, já que não passam de pedras.
Eles são desventurados e medíocres
albergando uma penúria longe da simplicidade.
Por livre escolha, tornaram-se imunes
à consternação e a tudo aquilo que gema nos homens
ao se confrontarem com a extinção dos mares e das desafortunadas estrelas;
a qualquer coisa que pranteie as multidões abandonando seus esteios;
a tudo aquilo que compartilhe
a reciprocidade eterna das lágrimas.

Este poema descreve o efeito do embotamento psíquico causado pelos traumas da guerra, em contraste com a insensibilidade dos não combatentes em relação aos diferentes prejuízos que impregnam os soldados em ação. Na primeira estrofe, encontramos soldados que sofreram tanto a ponto de não sentirem compaixão por seus camaradas, mesmo quando trafegam por uma estrada pavimentada com crânios daqueles que morreram.

O alvo a seguir são os poetas que romantizam a guerra descrevendo os que definham como se fossem flores; finalmente, surge um comentário irônico a respeito dos recrutas que, convocados pela propaganda a preencher vagas no alistamento, acabam se transformando em "baixas inúteis".

A segunda estrofe nos introduz àqueles que se tornaram insensíveis até por si mesmos, rebaixando a destruição a um mero jogo de tentativa e erro. A terceira descreve a perda da imaginação daqueles que não percebem a morte e os sangramentos, portanto, corações retraídos e indiferentes.

Na quarta estrofe, ressalta-se o uso do esquecimento como instrumento desesperado de defesa. Já na estrofe V temos a reprodução da dialética entre a sensibilidade do poeta e a insensibilidade reativa do jovem soldado.

Como fechamento do poema, Owen critica asperamente os seres embotados em relação à piedade ou à consternação, a qualidade que ele mais valoriza nos humanos e que seria a resposta apropriada a tudo que é trágico para eles.

A sentinela

Arriscávamos encontrar um velho Boche abrigado na trincheira, à nossa espera,

Para nos brindar com o inferno, pelo bombardear de bombas frenéticas

Amplamente inflamadas nas alturas, mas nem sempre totalmente detonadas.

A chuva, gotejando em cachoeiras de limo,

Mantinham a neve enlameada acima da cintura, mas subindo a cada hora,

E calçava os degraus a serem galgados com espessa argila.

Um negro ar permanecia fedendo há tempo, e rançoso

Com fumaças de granadas velozes, e o cheiro de homens

Que poderiam ter vivido lá por anos, e deixado suas maldições no covil.

Quando não seus cadáveres...

Ali nos arrebanhamos após a explosão
De granadas velozes; mas, finalmente, uma delas bateu em nossa porta –
Olhos e respirações esbofeteantes, apagando as velas,
E Tum! Flop! Tum! O corpo da sentinela rolou baqueado
Os degraus íngremes, chapinhando no fluxo transbordante de sujeira,
A seguir seu rifle, manuseado pelas bombas do velho Boche,
E por montes e montes de lama.
Nós o içamos com uma rede, imaginando-o morto, até que ele gemeu,
"Oh, meu senhor – meus olhos – estou cego – estou cego – estou cego."
Persuasivo, levei uma chama até suas pálpebras
E sugeri que, se ele conseguisse ver um pouco de luz mesmo borrada,
é que não estaria cego: logo, os olhos se recuperariam.
"Não consigo", ele soluçou:
"Meus globos oculares estão salientes como os das lulas":
Esta imagem ainda espreita meus sonhos – e, no entanto, esqueci o ferido ali,
apressando-me em tocar minha rotina, e mandando um mensageiro
para chamar um padioleiro algures, tropeçando
em direção a outras guarnições, envolto pelo ar estridente.

Aqueles outros infelizes, sangrando e vomitando,
e um deles que preferira se afogar –

Prefiro não lembrar deles agora.
Deixemos o pavor retroagir em função de uma única palavra:
como, escutando fragmentariamente os gemidos e trejeitos daquela sentinela,
e ao ranger selvagem de seus dentes tiritantes,
relembrei com horror sempre que as granadas
socavam o teto e golpeavam o ar inferior –
Através do denso alarido, eu diria, ouvimo-lo gritar:
"Agora vejo suas luzes!", só que elas, há tempo, tinham ido embora.

Um excelente apanhado desse poema, inspirado num incidente vivido por Owen no fronte em janeiro de 1917, nos é oferecido por Jeffares e Gray (1997). Sua opção foi descrever o episódio com um realismo resoluto, sem concessões a alusões poéticas, míticas ou religiosas que pudessem suavizá-lo, na esteira de alguns críticos literários, defensores do slogan: "Antes de os versos recuperarem sua humanidade, eles precisam aprender a serem brutais".

Seu pelotão encontrara uma trincheira escavada para abrigar-se, mas, após se certificarem da ausência de um soldado alemão emboscado (o velho Boche), postaram uma sentinela a descoberto (uma espécie de "periscópio desprotegido") para protegê-los. Este, no entanto, sofreu um impacto de uma granada, rolando baqueado e sujo de lama, dizendo-se cego.

A reação de Owen foi tão imediata quanto superficial: tentou acalmá-lo acendendo uma chama diante de suas pálpebras, na expectativa de que, se ele percebesse a claridade, com certeza se recuperaria. Ao mesmo tempo, voltou-se para providências práticas, "esquecendo" a vítima, agora imprestável.

Esta, entregue solitária à sua cegueira, balbucia suplicante: "Não consigo . . . Meus globos oculares estão salientes como os das lulas!". Esta visão fantasmagórica passou a assombrar os pesadelos de Owen, a ponto de repeti-la em outros poemas. Assim, a dicção da poesia não poderia ser romântica, mas pontilhada de gírias e coloquialismo com conotações desprazerosas: baqueado, chapinhando, cadáveres, granadas velozes, gemidos, ou com o uso figurativo de verbos (arrebanhamos, içamos, socavam, massacravam), e ocasionalmente um disparo onomatopaico – "*And gave us hell, for shell on frantic shell*" ("Para nos brindar com o inferno, pelo bombardear de bombas frenéticas").

Ao final, temos como epílogo a melancólica "despedida" da sentinela agonizante, que, sentindo-se abandonada pelo reconforto oportunista do oficial, acaba gerando uma alucinação: "Agora vejo suas luzes!", já que a chama manipuladora já tinha ido embora.

Inválido

Ele se sentou numa cadeira de rodas, aguardando a noite,

E arrepiou-se em sua espectral vestimenta cinza,

Sem pernas, costurada abruptamente em fundo falso.

Pelo parque, vozes de garotos soavam tristemente como um hino,

Vozes de lazer e prazer no ocaso do dia,

Até que o sono acumulado os levou de volta para as mães, o abandonando.

***

Naquela época a cidade parecia gingar tão alegre

Quando lâmpadas reluzentes floresciam nas árvores azuladamente iluminadas,
E as garotas olhavam brejeiras enquanto o ar ia se opacificando –
Nos bons tempos, antes que seus joelhos não tivessem entrevado.
Agora ele nunca mais sentirá a delgacidade
das cinturas das moças, ou o ardor de suas mãos sutis.
Tudo isso o toca como se fosse uma doença esquisita.

***

Pois ano passado minha juventude resplandecia,
a ponto de um pintor ingênuo querer me retratar.
Aquele, agora, está velho; suas costas não mais se esticarão;
Ele perdeu sua cor longe daqui,
escoando-se por crateras de bombas até que as veias secassem,
e metade de sua existência se consumisse no fluxo quente
e no jorro róseo esguichado de sua coxa.

***

Uma vez ele se afeiçoara a uma mancha de sangue em sua perna,
Após partidas, das quais saía como herói.
Isto ocorrera após o futebol, quando fora tomar um aperitivo
visando poder alistar-se em melhores condições. – Aí, matutou porque

alguém dissera que ficaria parecido a um deus com a saia escocesa,

Eis o porquê; e talvez, também, para agradar sua Meg,

Sim, aí que está, para agradar as coquetes levianas

que poderiam alistá-lo. Ele não precisou implorar;

Sorrindo, elas registraram sua mentira: ter dezenove anos.

Ele mal pensou nos alemães; não se comoveu com toda a culpa deles

e da Áustria. E os medos do Medo ainda não despontaram.

Ele pensou em adagas com empunhaduras adornadas estampadas em meias xadrezes; em cumprimentos interesseiros; na manutenção das armas; nas folgas; em pagar contas atrasadas; no espírito de solidariedade; e nas dicas para os jovens recrutas.

E logo, foi escolhido com rufares de tambores e aplausos.

***

Ao retornar para casa recebeu alguns aplausos, nada parecido com multidões aplaudindo o gol.

Um único homem, solene, o agradeceu, trouxe-lhe frutas

e preocupou-se com sua alma.

Agora, passará alguns anos adoentado em enfermarias,

fazendo aquelas coisas que as regras consideram sensatas,

e recebendo quaisquer compaixões que possam lhe ofertar.

Esta noite, percebeu como os olhares femininos

saíam dele e se dirigiam para os homens íntegros e fortes.

> *Como isso chegou friamente atrasado! Por que elas não se apresentam para colocá-lo na cama? Por que elas não se apresentam?*

Agora, Owen assesta sua lupa no destino de um jovem mutilado pela guerra e abandonado numa cadeira de rodas, vítima da propaganda enganosa oficial e dos entusiasmos edulcorados de poetas deslumbrados com o sacrifício, como vemos em "Uma nova música para uma velha melodia", de W. E. Henley:

> *E se o melhor de nossas recompensas for*
> *uma manga vazia, um joelho anquilosado*
> *e uma muleta para o resto da vida – quem se importaria*
> *se fosse a garantia de que a Bandeira Primeira tremulasse altaneira? (tradução livre)*

Já na abertura sentimos escancarado o contraste entre a felicidade esfuziante da meninada brincando no parque e a "escuridão" que paira sobre sua vida. Suas lembranças de momentos de encantamento com garotas dengosas "o toca como se fosse uma doença esquisita".

A associação do descolorimento de sua alma com o ferimento hemorrágico em sua coxa, que fora amputada, garante uma metáfora para o dano irreparável, além de presentificar uma outra dor, a de um sangramento num jogo de futebol de onde saíra como herói. Estimulado por esse sucesso, encantou-se com as perspectivas vaidosas de usufruir as glórias militares, encarando as garotas como incentivadoras de seu alistamento.

Inebriado pelos charmes do *esprit de corps*, desprezou a ponderação de que o ativo de um herói é "Não ter medo de ter medo", como a psicanálise está sempre nos ensinando. A realidade dolorosa recebeu-o ao voltar para o cotidiano: temporadas em enfermarias, desinteresse das garotas e os consolos friáveis dos religiosos.

O final melancólico parece ecoar um slogan de recrutamento usado em 1914: "Por que eles não se apresentam?", modificado nostalgicamente para um anseio conformista: será que as enfermeiras não chegaram para colocá-lo na cama? "Por que elas não se apresentam?" Seus apelos, no entanto, poderiam também ser dirigidos às mulheres, descritas no poema como fúteis e frívolas por não se interessarem mais por ele.

Este poema, como veremos adiante, talvez tenha sido uma fonte inspiradora da obra de Dalton Trumbo, *Johnny vai à guerra*.

Influenciados pela dose de bravatas embutidas no enfrentamento da Medusa, bem como no desfile de atrocidades que acabamos de testemunhar, seria de supor-se que Owen fosse um espírito revoltantemente amargurado e incapaz de usufruir da bondade e da beleza. Para desfazer essa impressão, apresentarei agora a prova de que sua desesperança não extinguiu sua apreciação do justo e do harmônico, inclusive com pitadas de ludicidade e humor.

O amor magnificente

Lábios encarnados não são tão encarnados
Como as pedras maculadas, beijadas pelos ingleses mortos.
Bondades de cortejados e cortejadores
Exalando vergonha para seus amores puros.
Oh, amor, seus olhos perderam a fascinação
Quando vejo olhos cegos a meu serviço!

O seu porte esbelto
Não vacila sensivelmente como galhos descascados,
Revirando e revirando ali
Onde Deus não está nem aí;
Até que o amor feroz que eles produzem
Os comprime através da externa decrepitude da morte.

Vossa voz não acalanta suavemente –
Nem como o vento murmurando entre os caibros do celeiro –
Sua querida voz não é querida,
Gentil, e vespertinamente límpida
Como as deles, quem nada escuta agora,
E agora a terra estancou suas bocas piedosas que tossiam.

Coração, você nunca fora ardente
Nem expansivo, nem pleno como os corações que se dilatam quando baleados;
E apesar de sua mão estar pálida, pálidos estão todos que cruzam
Vossa cruz bradando e flamejando:
Chore, estás autorizado a chorar, já que não podes tocá-los.

Este título inspirou-se no Evangelho de S. João (15:13): "Nenhum homem terá tido um amor mais magnificente do que este, que um homem sacrifique sua vida por seus semelhantes". O poema reúne, de forma paródica, três temas de sua preferência: o amor romântico, o soldado lutando e Cristo. De início, contrasta com ironia lábios ardentes com o sangue derramado pelos soldados mortos; a seguir zomba do amor romântico ao envergonhar-se pela comparação com o amor altruísta do soldado, ou com o sacrifício do colega que perde a visão na batalha.

O desamparo essencial do soldado invoca uma reflexão sobre o envolvimento de Deus com a humanidade, sugerindo que, no momento crucial da morte, ele está ausente, deixando-o identificado com Cristo crucificado em benefício do seu próximo.

Inspeção

"Você aí! Como você explica isso?", eu vociferei.
"Como você ousa comparecer na revista das tropas desse jeito?"
"O senhor veja, é que –" "Cale esta boca", o sargento grunhiu.
"O senhor acha que devo arrancar este nome?" – "Faça o favor: e jogue fora."

Ele foi punido com alguns dias de "reclusão no acampamento",
Por ter se apresentado "sujo na revista".
Ele me contou, posteriormente, que a maldita mancha
Era de seu próprio sangue. "Bem, o sangue é sujo", eu disse.

"O sangue é sujo", ele gargalhou, olhando para longe,
Bem distante do ponto em que sua ferida sangrava
E quase eternamente amalgamado com o barro.
"O mundo está purgando suas máculas", ele disse.

"Ele não suporta o rubor interior em nossas faces:

O sangue dos jovens é sua grande objeção.

Mas, após sermos devidamente purificados, estando mortos,

A raça poderá enfrentar a inspeção do Marechal de Campo: Deus."

Este é um ótimo exemplo do humor irônico de Owen. A disciplina militar bitolada paga seu mico de ser superficial e hipócrita. A dualidade do narrador como porta-voz do oficialato diante do soldado raso exprime concomitantemente o cumprimento de um dever e a culpa por expor jovens inocentes a humilhações fortuitas.

O busílis da questão está localizado numa mancha poluindo o uniforme, que deveria ser impoluto. A "maldita mancha" ("*the damned spot*") alude ao desespero de Lady Macbeth (ato V, cena 1), que, em seus pesadelos, tentava sem êxito apagar de suas mãos o sangue do rei Duncan, que ela tinha assassinado. O pobre soldado, no entanto, defende-se dizendo que aquela mancha era de seu sangue, recebendo a admoestação estúpida de que "o sangue é sujo".

Apesar de os soldados serem enviados para lutar e morrer, seus sangues, ou a realidade da guerra, deveria permanecer invisível, a ponto de suas faces coradas precisarem sangrar substâncias esbranquiçadas. No epílogo épico, quando toda a nossa raça estivesse "purificada", estaria pronta para a inspeção do "Marechal de Campo: Deus".

Com uma plaqueta de identidade

Se em algum momento sonhei com meu nome defunto

Alçado no coração de Londres, intransponível

Eternamente pelo tempo, e a fama, fugitiva,
Ali finalmente instalando um amplo santuário,

Eu corrigi aquilo; e me recordo envergonhado
Como outrora ansiei escondê-lo dos ardores da vida
Sob aqueles ciprestes sagrados, os mesmos
Que sombrearam o repouso tranquilo de Keats.

Agora, porém, agradeço a Deus não haver risco
De buris riscarem-no com frases floreadas
Mas que deixem minha morte ser memorizada nesta plaqueta.
Guarde-a, doce amigo. Não grave data nem feito.
Mas permita que o pulsar do seu coração a beije diuturnamente,
Até que o nome se desbote e se desvaneça.

Na Primeira Guerra Mundial, cada soldado britânico portava três plaquetas com seu nome e número, a serem levadas num colar: em caso de morte, um dos discos deveria ser enviado para o parente mais próximo.

Não seria arriscado imaginar que Owen tinha noção de que sua missão de combater a impiedade da guerra pudesse terminar em martírio: daí o desejo de deixar este soneto como uma espécie de epitáfio, como já o fizera Keats, embalado por seus temores de que poderia deixar de existir.

Em sua confissão inicial, ele relata ter sonhado que fora enterrado no Canto dos Poetas na Abadia de Westminster, e também envergonhar-se de ter desejado ser enterrado na Itália sob a sombra do mesmo cipreste onde jazia Keats. Em realidade, ele já enviara premonitoriamente um esboço deste poema a seu irmão mais moço, Colin, que, parece, acabou recebendo a plaqueta quando ele morreu.

Na última estrofe, vestido de humildade, ele explicita, de forma pungente, desejar que seu irmão beije diuturnamente o nome inscrito na plaqueta, com o pulsar de seu coração, até que se desbote e se desvaneça.

Apologia Pro Poemate Meo

Eu, também vi Deus por causa da lama –
A lama que craqueava nas faces quando os canalhas sorriam.
A guerra trouxe mais glória a seus olhos que sangue,
E conferiu a suas risadas mais alegria do que aquela que faz uma criança vibrar.

Era divertido rir ali –
Onde a morte torna-se absurda e a vida mais ainda.
Pois nos investimos de poder ao lascarmos ossos expostos
Para não sentirmos remorsos ou náuseas pelo assassinato.

Eu também expulsei o medo –
Atrás da barragem, morto como meu pelotão,

E singrando meu espírito expandido leve e claro
Ao superar o arame farpado que brecava as esperanças.

E presenciei o júbilo –
As faces acostumadas a me atormentar, carrancas após carrancas,
Brilhavam e se empinavam com a paixão da oblação
Seráficas durante uma hora: apesar de serem infames.

Eu criei camaradagens –
Ignorante dos felizes amantes de velhas canções.
Pois o amor não é a união de lábios formosos
Com a seda suave e de olhos que olhem e cobicem.

Através de alegria, desprovida de insígnias –
Mas ferida pelo arame duro da guerra fincado em rijos mourões;
E presa com a bandagem do braço ensopado;
Entretecido na rede da correia do rifle.

Eu percebi muita beleza
Nas ásperas promessas que sustentaram nossa coragem;
Na música ouvida no silêncio do dever;
Ao encontrar a paz onde bombardeios tempestivos vertiam os mais rubros dilúvios.

Entretanto, a não ser que compartilhes
Com eles no inferno a escuridão pesarosa do inferno,
Cujo mundo não passa do tremeluzir de uma chama
E o céu nada mais que via expressa para uma bomba,

Você não deverá escutar suas hilaridades:
Tu não deve imaginá-los contentes
Por qualquer brincadeira minha.
Estes homens
Merecem suas lágrimas.
Tu não mereces
a alegria deles.

Neste poema, Owen se contrapõe às críticas de que a poesia não deveria prestar-se a exaltar só o lado pessimista e soturno das guerras, devendo, talvez, entremeá-lo com momentos de descontração ou alegria. Sua tese é que apresentar a guerra de forma otimista poderia transmitir à população civil a falsa ideia de que os soldados estão contentes com seu destino. Ele reconhece que os soldados podiam rir e sentir excitação no calor da batalha, que podiam sentir amor, camaradagem e solidariedade, mas, ele insiste, não lhe compete expressar isso ao mundo civil. Os únicos que estariam credenciados a entender suas satisfações seriam aqueles que tivessem a experiência do combate e pudessem compartilhar com eles "a escuridão pesarosa do inferno".

Malgrado essas objeções, o poema consegue estabelecer um contraponto entre dor e prazer, iniciando todas as estrofes com um toque de esperança: "Vi Deus por causa da lama", "Era divertido rir ali", "Expulsei o medo", "Presenciei o júbilo", "Criei camaradagens", "Alegria desprovida de insígnias", "Percebi muita beleza", "A não ser que compartilhes . . . não deverá escutar suas hilaridades".

Em resumo, a sobrevivência pode gerar uma gama de estados de alma: culpa, júbilo comedido e até uma alegria melancólica.

De meu diário, julho de 1914

Folhas

Murmurando aos milhares em árvores tremeluzentes.

Vidas

Despertando maravilhas nos Pireneus.

Pássaros

Gorjeando alegremente no dia nascente.

Bardos

Cantando o verão e ceifando por todo o capinzal.

Abelhas

Balouçando os orvalhos acumulados nas flores e nas copas.

Garotos

Fustigando a superfície de poças d'água ebanizadas.

Lampejos

De nadadores trinchando o frio cintilante.

Cravos

Cintilando humidamente diante do alvorecer áureo.

Um prado

Bordejado por riachos cantarolantes.

Uma serviçal

Sorrindo para mim o sorriso amoroso: orgulhosa da expressão facial.

O calor

Pulsando entre a elevação e o cume.

O coração dela

Palpitando apaixonado ao encostar-se em meu rosto.

Um debrum

De chamas flutuantes cruzando a borda da montanha.

Para encerrar esta pequena antologia das poesias de Owen, apresento aquele poema que sintetiza o apelo ilusório de que os jovens deveriam orgulhar-se de poder morrer pela pátria.

Dulce et Decorum Est

Duplamente encurvados, como velhos mendigos ensacolados,

cambaios, tossindo qual bruxas, xingávamos através da lama

até que viramos de costas para os obsedantes foguetes luminosos.

E começamos a caminhar tropegamente em busca de um descanso longínquo.

Os homens marchavam sonados. Muitos perderam suas botas,
mas cambaleavam, calçando sangue. Todos claudicando; todos cegos;
ébrios de fadiga; surdos até aos silvos
das bombas de gás que caíam suaves na retaguarda.

Gás! GÁS! Depressa, garotos! – Um êxtase atrapalhado,
se amoldando em tempo aos capacetes canhestros;
Mas alguém ainda estava urrando, tropeçando
e chapinhando como um homem em chamas ou pisando no visgo
indistinto através das vidraças enevoadas e da espessa luz esverdeada,
como se embaixo de um mar verde, eu o vislumbrasse se afogando.

Em todos os meus sonhos, diante de minha infeliz visão
Ele mergulha em mim, pingando, engasgando-se, afogando-se.

Se em alguns sonhos asfixiantes,
você também pudesse andar compassadamente
por trás do vagão no qual nós o arremessamos,
e observar os olhos brancos se contorcendo em sua face.
Sua face pendente, como de um diabo doente de pecado;
Se você pudesse escutar, a cada solavanco, o sangue
jorrando em gargarejo dos pulmões corroídos pelas espumas

amargo como o bolo ruminado, obsceno como o câncer
de úlceras incuráveis e vis sobre línguas inocentes –
Meu amigo, você não contaria com tanto deleite
para as crianças ansiosas por alguma glória desesperada
a velha mentira: Dulce et decorum est
Pro patria mori.

Neste poema sublime e sarcástico, Owen expressa sua indignação e sua amargura por pessoas como a poetisa Jessie Pope, que usavam os jornais para exortar os jovens a se alistar com o engodo patriótico de que, parafraseando Horácio com ironia, seria "Doce e decente morrer pela pátria".

A primeira estrofe nos apresenta o panorama geral daquilo que os jovens, iludidos pela propaganda enganosa, vão sofrer tão logo mergulhem hiperbolicamente em perdas irrecuperáveis: "Todos claudicando; todos cegos".

Na segunda estrofe, o cenário de barbárie se expande na morte cruel de um soldado impotente, diante de um ataque covarde com gás mostarda, deixando-o desnorteado na tentativa de vestir sua máscara protetora.

O poeta já não consegue manter-se na condição de mero observador e, nas duas linhas da terceira estrofe, condensa as imagens oníricas terroríficas, que passaram a persegui-lo diante de sua impotência culposa de não ajudar o pobre coitado. Munido agora de provas irrefutáveis, o poeta arvora-se em consciência da poetisa, "convidando-a" a deixar-se compadecer pela visão de "úlceras incuráveis e vis sobre línguas inocentes".

4. A dor psíquica na visão de Bion

Uma visão conceitual panorâmica

1. A importância da dor para o funcionamento psíquico pode ser avaliada pelo fato de Bion (1963) afirmar taxativamente que:

> *Ela não pode estar ausente da personalidade. Uma análise é necessariamente dolorosa, não porque a dor em si tenha valor, mas porque uma análise onde a dor não seja observada e discutida não pode ser encarada como se ocupando de uma das razões centrais para a presença do paciente. . . . A importância da dor pode ser descartada como uma qualidade secundária, algo tendendo a desaparecer quando os conflitos se resolvem: de fato, muitos pacientes sentem assim. Além do mais, isso pode ser reforçado pela circunstância de que a análise bem-sucedida diminui o sofrimento: no entanto, isso obscurece a necessidade, mais patente em certos casos do que em*

> *outros, de que a análise possa aumentar a* capacidade *do paciente para sofrer, mesmo considerando-se que paciente e analista tenham a esperança de diminuir a própria dor. (pp. 61-62)*

Por entender, como Hamlet, que a meta da psicanálise não é curar, mas ensinar a sofrer ("*Whether 'tis nobler in the mind to suffer*"), e por vislumbrar que Freud já reconhecera que a capacidade de modificar a dor era fundamental na adaptação ao princípio de realidade foi que Bion (1963) elevou a dor ao status de "elemento de psicanálise" (p. 61).

2. Bion chegou a esses enunciados a partir daquilo que viveu na própria pele. Durante a infância na Índia, viu-se enredado num abismo assustador entre sua visão infantil que engatinhava e os preceitos enrijecidos de um mundo adulto que o sufocavam com exigências preconceituosas e estúpidas.

Ao descrever esse abismo, anos mais tarde, ele cristalizou este "inimigo sorrateiro" na figura de uma ave de rapina negra que visitava seus pesadelos para amedrontá-lo: denominou-a "*Arf Arfer*", uma corruptela que condensava a grandiosidade de um Deus perseguidor (evocado pelo som de "Our Father", início da oração "Pai Nosso") com a mesquinhez dos risos de desprezo que os adultos lhe dedicavam, em resposta a suas indagações sobre os mistérios da vida.

A seguir, ao ser abandonado aos 8 anos para estudar na Inglaterra, viu-se mergulhado num ambiente hostil povoado por solidão, pela crueldade do *bullying* e pela hipocrisia de um cristianismo repressor da sexualidade. Neste período, os termos que mais o atormentavam foram *ghastly* (horrível, medonho, desagradável), *gloomy* (sombrio, deprimente) e *homesickness* (saudades do lar, nostalgia).

Com 18 anos, Bion deixou-se seduzir pelo canto de sereia da Primeira Guerra Mundial, mas rapidamente viveu uma cesura perturbadora: foi obrigado a desvestir o manto de ingenuidade que recobria um bando de escolares se fingindo de soldados, para atolar-se na lama da guerra que expressava um desastre aberrante (Bion, 1982, p. 113). A realidade, porém, logo impôs seus flagelos:

> *Retirei-me para me deitar no chão e dormir um pouco. A terra estava dura, mas eu estava exausto. Então, peguei no sono e tive um sonho terrível. Quando acordei, estava quase na hora de me encaminhar para a batalha: foi inquietante perceber o limiar da luta. O sonho era cinza e amorfo: eu me sentia siderado por horror e pavor. Não conseguia gritar, assim como hoje, muitos anos depois, não encontro palavras. Na época, não havia palavras a serem encontradas: eu despertara para os terrores relativamente benignos da guerra real. Porém, por um momento, desejei que aquilo fosse somente um sonho: no sonho, devo ter desejado que fosse somente uma guerra. (Bion, 1985, p. 237)*

Egresso da guerra, como um herói aturdido e culpado por ter sobrevivido à maioria de seus companheiros, sua dor psíquica o direcionou sonambulamente para o lado da psicanálise, entrevista inicialmente como mera tábua de salvação. Mas, entrementes, uma nova tragédia o emboscou: sua esposa Betty morreu durante o parto de sua filha Parthenope, sem que ele estivesse presente. Dilacerado por mais culpa e agora sendo obrigado a ser pai e mãe da filha, viu-se migrando "das dores da indigência para os prazeres da comilança".

Sentindo-se "entorpecido e insensível", ele relata um episódio no qual o bebê engatinhara em sua direção em busca de colo, encontrando-o, porém, raivosamente paralisado e chocado com a crueldade que fervilhava em suas entranhas. A partir deste episódio, ele passou a recordar-se sempre das palavras de Shakespeare: "Ninfa, que todos os meus pecados sejam atendidos em suas orações" (Bion, 1985, p. 70).

Por fim, no final de sua vida, apesar de ter refeito a vida familiar ao casar-se com Francesca, precisou enfrentar a incompreensão de muitos setores em relação à sua obra, sendo obrigado a "refugiar-se" em viagens científicas (como aquelas que o trouxeram até nós), ou então em uma estadia redentora em Los Angeles.

3. Uma das reflexões íntimas de Bion (1991) foi: "Devi e continuarei devendo a persistência do meu existir à minha capacidade de temer um 'desastre iminente'" (p. 175).

Em *Uma memória do futuro*, encontramos um interessante diálogo entre o sacerdote e o psicanalista:

> *Sacerdote – Sonhei com uma explosão de proporções enormes, tremenda e grandiosa. Foi algo aterrorizante. Algo negro como a noite: não a noite como parte do sistema solar, mas a noite escura da alma...*
>
> *Psicanalista – Talvez como aquela descrita por São João da Cruz?*
>
> *Sacerdote – Eu não sou São João da Cruz nem Isaias: é mais um motivo para a sensação de estranheza quanto ao tema de meu sonho.*
>
> *Psicanalista – Estou familiarizado com relatos de experiências aterrorizadoras descritas de formas variadamente inadequadas: exatamente como você acaba de fazer. Nós dois temos noção do que seja uma experiência espantosamente terrível [*awe-ful*, neologismo que amalgama os termos* awe *= espanto e* awful *= terrível]. Muitas pessoas não têm esta consciência: elas temem um colapso [*break-down*], algum desastre indescritível, a loucura – elas*

> *podem se expressar desencadeando um desastre. Nós, psicanalistas, achamos que vocês não sabem o que um sonho é: ele, em si, é uma representação pictórica, expressa verbalmente, de algo que aconteceu. O que de fato aconteceu quando você "sonhou", nós não sabemos. Todos nós somos intolerantes com o desconhecido e tentamos instantaneamente sentir que é algo explicável ou familiar, como "explosão" é familiar para você ou para mim. O fato em si é suspeito* porque *torna-se explicável em termos da física, da química, da psicanálise, ou qualquer outra experiência* pré-*concebida. A "concepção" é um evento que se tornou "concebível", e o "concebível" em que ele se transformou já não é a experiência genética. Pré-concepção, concepção, nascimento: que choque deve ter sido ficar sabendo que uma mulher teve um bebê! Quão absurdo foi supor que isso pudesse ter qualquer conexão com uma cópula! Eu já encontrei pessoas que acham ridículo que uma mulher pudesse gerar uma ideia ou ter um pensamento que merecesse ser levado em conta. (Bion, 1991, p. 381)*

4. Um dos fatores impeditivos do aprendizado pela experiência é a instalação de um *superego*, ou seja, "uma asserção de superioridade moral sem a menor moralidade. Em resumo, um estado que é resultante da espoliação e do desnudamento invejoso de tudo que é bom" (Bion, 1962, p. 97). Esta "prótese defensiva" visa proteger o psiquismo do sofrimento que o acomete quando do desamparo inerente aos estados de insolvência que inundam o humano ao longo da vida. "Quando a desproporção entre a defesa e o ataque é ainda maior, surge um objeto violento, ganancioso e invejoso, impiedoso, assassino, predador e sem respeito pela verdade, pelas pessoas ou coisas: trata-se de uma consciência completamente imoral" (Bion, 1965, p. 102).

5. O fato de o seio como fonte de amor gerar também ciúmes e inveja acaba desencadeando um *splitting forçado* em busca da satisfação voraz, conferida por conforto material: o resultado é insaciedade, malgrado a busca implacável por saciedade. Esses mecanismos não livram o psiquismo de suas dores, já que o deixam mais dependente do conforto material, ou seja, de quantidade e não de qualidade (Bion, 1962, p. 11).

Bion, em vários contextos, associa o pensar com uma atividade que em vez de trazer alívio, como postulado por Freud, pode estar envolvida numa espécie de armadilha metapsicológica. Assim, por exemplo, se a mente acredita na existência de uma mãe ou analista com uma ótima capacidade compreensiva, isso pode reforçar o temor e o ódio em relação a seus próprios pensamentos na medida em que eles podem ser confundidos com o "não seio": isso instala uma vivência dolorosa, inclusive depressiva, na medida em que a alternativa é sentida como pior, a saber, que o pensar e o pensamento seriam provas de que um seio quase perfeito foi destruído (Bion, 1965, p. 63).

No capítulo 10 de *Aprender da experiência* descreve-se a reversão da função α: se a personalidade não possui o aparelho para "pensar os pensamentos", então essa reversão é usada para aliviá-la da "dor" de possuir pensamentos sem poder pensá-los. Essa "dor" é semelhante àquela descrita por Dante (Canto IV, 43) como sendo vivida por Virgílio, que, malgrado seu anseio de alcançar a salvação, "arde em desejo sem poder saciá-lo" por se encontrar no Limbo.

No capítulo 26, ao discutir o aparelho para pensar os pensamentos, Bion deixa entrever algo fundamental: que a dor psíquica, ao contrário da dor física, pode ser "transferida" a outra pessoa por meio da identificação projetiva.

6. Por outro lado, quando o psiquismo é possuidor daquilo que Keats denominou "capacidade negativa", ele resiste a impor soluções

falsas, prematuras ou onipotentes a um dado problema: suportando a dor do contato com o desconhecido, ele torna-se vulnerável à dupla acepção do conceito bioniano de mudança catastrófica. Na primeira acepção, o *self* sofre uma metamorfose por substituir estados de mente obsoletos por ideias novas, ou, como disse um personagem de *Uma memória do futuro* (1991), a matriz do crescimento é "a habilidade para mudar" (p. 163). Na segunda acepção, o *self* vive a iminência de um desastre ou, como formulado por outro personagem (p. 539), de sofrer uma fragmentação (*break-up*), um colapso (*break-down*), uma implosão (*break-in*), uma irrupção (*break-out*), ou uma invasão (*break-through*).

Em ambos os casos, Bion (1991) vislumbra o terror como "a origem primordial da mente" (p. 648), levando Meg Harris Williams (1983) a propor que a elaboração possível seria "apreender o desastre indescritível com antecedência, tornando-o descritível[1] e lhe devolvendo o significado etimológico primitivo de algo 'pleno de admiração reverente' [*full of awe*] e não de algo 'horrível' [*awful*]" (p. 45).

7. Ao discutir as diferenças entre medicina e psicanálise, ou seja, entre uma disciplina dependente de realizações sensoriais e outra dependente de realizações não sensoriais, Bion assinala que há pessoas tão intolerantes a dor ou frustrações que elas sentem a dor, mas não a sofrem e, assim, é como se não a descobrissem. Mas, para ter-se ideia daquilo que não é sofrido, dependemos de nosso aprendizado com as pessoas que se permitem sofrer. Uma consequência danosa é que o paciente que não sofre dor também não sofre "prazer", ficando assim privado do encorajamento que poderia obter de um alívio acidental ou intrínseco. Onde um paciente

1 Um belo exemplo deste processo encontramos em Junqueira de Mattos e Braga (2009, pp. 152-154), em que uma configuração de *consciência moral primitiva* começa a ser elaborada por meio de três sonhos com uma expressividade estética organizadora.

tomaria uma palavra como designando uma conjunção constante, este paciente a experimentaria como uma coisa ausente, e a coisa que não está presente, como a coisa que *está*, é indistinguível de uma alucinação. Para não aumentar a confusão que o termo "alucinação" pudesse causar, Bion passou a chamar esses objetos de elementos β (Bion, 1970, p. 9).

A esse respeito, Paul Federn escreveu um artigo ao redor de 1950 denominado "A resposta do ego à dor", que elucida metapsicologicamente essa importante afirmação de Bion. Diz ele:

> *Há uma pequena distinção, porém, muito importante, entre "sofrer uma dor" e meramente "sentir uma dor". O sofrimento vem a ser a experiência direta, incluída nas fronteiras do ego, da dor mental causada pelo evento ou objeto doloroso, ou então, respectivamente, pela memória e pela representação objetal. Por meio de tal sofrimento o ego concebe a intensidade plena do evento. Na próxima vez que a ideia retorna, a dor já não é sentida na mesma intensidade. Este é o passo mais elementar na mágoa e no luto normais. A aceitação da dor é o tributo que pagamos à normalidade. (Federn, 1952, p. XX)*

8. Em outro contexto, Bion aproveitou-se de uma querela vivida entre Newton e o filósofo Berkeley, que o criticou quanto ao uso de argumentos circulares em sua exposição do cálculo diferencial. A crítica centrou-se na expressão "incrementos evanescentes" que Newton utilizou sem justificação, levando Berkeley a ironizá-la como se correspondessem a "fantasmas de quantidades mortas". O que Bion propõe é que ambas as formulações, a de Newton e a de Berkeley, foram utilizadas como elementos coluna 2 da Grade, ou seja, com a intenção de evitarem "turbulência emocional".

Por "turbulência emocional" Bion refere-se a um estado de mente doloroso que surge quando abraçamos a ingenuidade que se faz necessária para nomearmos uma conjunção constante, ocasião em que precisamos admitir sua dimensão negativa,[2] mas também somos acossados pelo medo da ignorância. Daí a precipitação na nomeação que acaba gerando um elemento coluna 2, produzido para negar a ignorância: aquilo que São João da Cruz chamou de "noite escura dos sentidos".

Segundo Bion, em *Ascensão ao Monte Carmelo* o místico cristão descreve um estado em que a alma mergulha numa "noite" quando se aproxima do "O", a Realidade Última, a Causa Primeira, ou seja, Deus: neste caso, a "noite escura" que invade a alma é o medo da megalomania que acaba inibindo a aceitação das próprias maturidade e responsabilidade (Bion, 1965, pp. 147-148).

9. Na prática da psicanálise, as emoções são importantes pelo fato de serem frequentemente "negadas" sem uma realização adequada de que, nas psicoses, a negação comporta uma contraparte física. Aquilo que ele tem chamado de medo subtalâmico, ou medo "aterrorizante", está relacionado a um terror primordial e provavelmente pré-natal. Sua origem parece estar situada no tálamo em desenvolvimento e em suas "conexões nervosas não mielinizadas". Isso, naturalmente, é uma "conjectura imaginativa" que talvez leve anos para ser cientificamente confirmada.

Essas ideias de Bion (1991, p. 648) foram esquadrinhadas entre nós por Junqueira de Mattos e Braga (2009) aproveitando o rico acervo de suas supervisões. Numa delas (Supervisão A6), ele se refere a um analisando que tem seu crescimento mental obstaculizado por possuir uma consciência moral assassina que odeia todo e qualquer

---

2 Ao nomear uma dada realidade, cujos elementos estão constantemente conjugados, estamos implicitamente negando as demais realidades. Por exemplo, uma cadeira *não* é um lápis, um carro etc.

intercurso prazeroso, o qual constitui a base de toda atividade criativa pré-natal. Segundo essa sua conjectura, na nossa vida mental pré-natal existiria uma atividade moral de base somática que urge para existir e que, após o nascimento, se desenvolve em atividades protossimbólica e simbólica, aptas a atribuírem algum significado à vivência de uma inundação terrorífica.

Na clínica, portanto, quando ainda não há "tecido mental para suportar significados", não nos resta alternativa a não ser monitorar os efeitos deste núcleo inacessível de experiências de "nadificação", que só se prestam a serem expulsos do psiquismo por uma espécie de curto-circuito, algo que prenunciaria a identificação projetiva.

O "estranho diálogo interior" entre o analista Bion (1972)[3] e o capitão Bion (1919)

Em seu "diário póstumo" editado em 1997 por sua viúva Francesca, sob o título de *War Memoirs – 1917-1919*, Bion esforçou-se para registrar *a posteriori* (logo ao entrar no The Queen's College, em Oxford, em 1920) sua prodigiosa experiência na guerra que acabara de terminar, embalado pelo sentimento culposo de não ter conseguido "dar notícias" a seus pais durante a conflagração, em virtude do medo atávico de que elas chegassem a eles "atrasadas", ou seja, depois de já terem sido comunicados de sua morte.

Esse texto catártico, impregnado de revolta, desilusão, desamparo, mas também de coragem, sinceridade irrefreável e compaixão, permaneceu engavetado durante 52 anos, uma espécie de talismã adormecido a ser resgatado em alguma oportunidade futura de

3 Em *Uma Memória do Futuro*, o autor Bion criou vários personagens da sua pessoa como Capitão Bion, Myself, e vários momentos da sua trajetória desde o estágio pré-natal até o fim da sua vida.

reconhecimento de seu verdadeiro eu. Em 1972, sua esposa, temerosa de que aquelas notas soltas pudessem se extraviar, resolveu datilografá-las, despertando em Bion a ânsia (*urge*) de revê-las sob a ótica de uma visão mais apurada (*second thoughts*), ensejando um diálogo ficcional entre o jovem soldado apavorado e o agora analista consagrado.

Creio ser legítimo especular que esse impulso esteve na origem de outros dois conjuntos de depoimentos sobre sua gloriosa, mas consternada participação na Primeira Guerra Mundial: o capítulo sobre a guerra em sua autobiografia *The Long Week-End* (1982) e os diálogos provocadores entre vários personagens de sua trilogia *Uma memória do futuro* (1991).

Como esses textos não foram ainda traduzidos, com exceção da trilogia, julgo-me na obrigação de divulgar vários trechos que traduzi, seja para uso pessoal ou mesmo para discussão em seminários, visando sempre ampliar nossa compreensão dos destinos da dor mental, gerada pelas vicissitudes da precariedade humana.

Apresento agora alguns excertos interessantes da peça ficcional, intitulados por mim, com a finalidade precípua de uma melhor apreensão do conjunto.

Capitão Bion: o morticínio da guerra de infantaria

> *A noite estava um breu e, então, começamos a parte pior da missão. O cheiro nauseabundo de cloreto de cal, mulas mortas etc. dominava o ambiente . . . Nós simplesmente tropeçávamos nos buracos das bombas e em pedaços de arame farpado enterrados. . . . Fiquei horrorizado de perceber que estávamos pisoteando seres humanos que pareciam nocauteados: dei-me conta de*

> *que eram metralhadores que estavam escarrapachados nos buracos enlameados das bombas, dormindo. Como se precisasse me localizar, chacoalhei um deles. Depois de várias tentativas em vão, ele se sentou e indaguei se estávamos na rota da 5ª Infantaria, e ele respondeu com um papaguear incoerente, como se estivesse delirando. Nunca tinha passado na minha vida por um pesadelo daqueles. Mas isso lhes dá uma noção do estado dos soldados de infantaria na gloriosa Terceira Batalha de Ypres. (Bion, 1997, p, 37, tradução livre)*

Capitão Bion: emoções saltimbancas

> *Durante o dia, eu retornava ao QG na expectativa de receber ordens. Os dias eram horrorosos: a maior parte do tempo tinha um sol abrasador que fustigava as chapas de ferro do QG, tornando seu interior intoleravelmente abafado e quente. Era ali que eu costumava me deitar exausto, numa espécie de estupor que substituía o sono. Era algo surreal: o calor e os pesadelos dos quais se despertava de repente cheio de horror e com suor escorrendo pela face. Era quase impossível distinguir sonho e realidade. O tá-tá-tá das metralhadoras alemãs fazendo coro com o seu sonho de maneira bizarra, de forma que, ao acordar, você se perguntava se estava sonhando. A metralhadora fazia você pensar que tudo era genuíno, e somente aos poucos você se recuperava e caia de novo num sono inquieto.*
>
> *Não demorava para que o interesse pela vida se evaporasse: logo eu me senti quase desamparado.*

Costumava me deitar de costas olhando fixamente para o telhado baixo. Às vezes, passava horas encarando um pedacinho de barro que pendia do teto agarrado a algum graveto que tremulava com a explosão das bombas. Um dia, de repente, fiquei sabendo que os soldados sul--africanos estavam zoando: eles se colocavam à noite na estrada que corria do lado esquerdo brincando de alvo para a metralhadora alemã que metralhava a estrada. Esta notícia tinha um efeito curiosamente revigorante. Não sei, agora, se esta história era verdadeira – com certeza deve ter sido comum no início da guerra –, mas, agora, eu sentia que as coisas não tinham como piorar e que, de fato, um raio de esperança tinha surgido: sempre estávamos sujeitos a um ferimento grave ou, talvez, a sermos mortos.

Para vocês, isso pode soar quase impossível, mas o fato é que a vida tinha atingido tal dispersão que mutilações devastadoras ou a própria morte pareciam não ser piores. Eu me percebi desejando ser morto, pois, então, pelo menos poderia me livrar daquela desgraça intolerável. Naquele momento esses pensamentos predominavam em mim, excluindo todos os demais: acho que muitos sentiam a mesma coisa. Afinal de contas, se você pega um homem e o caça como um animal, logo ele vira animal. Sinto-me incapaz agora de contar como eram nossas vidas. É tal a distância entre o ponto de vista humano comum daquele que eu possuía na época que qualquer coisa que eu escreva ou será incompreensível, ou fornecerá uma impressão bem distorcida. (Bion, 1997, p. 93, tradução livre)

Analista Bion: a perenidade dos acertos de conta infantilizados

> *As questões contra os aviões inimigos foram tão violentas que, uma noite, nossos superiores enviaram 36 aviões: eles simplesmente varreram todos os inimigos num raio de várias milhas bombardeando e aprontando de tudo. O efeito no nosso moral foi fantástico: pela primeira vez nos sentimos os maiorais. Desperta um incrível senso de segurança quando vemos um céu coberto de aviões e nos damos conta de que são nossos. É como se uma criança tivesse esfregado um brinquedo na sua cara e, durante muito tempo, você ficasse de mãos atadas até que um belo dia esfregasse um brinquedo muito mais legal na fuça* dela. *Você se sente vitorioso e se vinga de toda a humilhação passada. (Bion, 1997, p. 103, tradução livre)*

Capitão Bion: memórias redentoras do acolhimento maternal

> *Quando terminei o trabalho [de restauração da ponte], retornei aos tanques que só se aproximavam. Eles estavam tão próximos da linha de frente que os motores tinham de ser acionados em marcha lenta para não serem descobertos. É impossível dar uma ideia do esforço que isso representava para nós. Andávamos vagarosamente na frente dos tanques esperando as bombas. A pressão tinha um efeito muito curioso: eu me sentia como uma criancinha que houvesse tido um dia lamentável e quisesse ser colocada na cama pela mãe. Eu me sentia curiosamente*

acalmado me recostando na encosta da estrada, achando que estava calmamente aninhado nos braços de alguém. (Bion, 1997, p. 120, tradução livre)

Capitão Bion: ironias do destino

Infelizmente, todos esses tanques jaziam abatidos, ao lado da estrada. A falta de homens tornou impossível enterrar os mortos, e por vários dias esses tanques ficaram onde tinham sido abatidos: visão estarrecedora para qualquer soldado marchando pela estrada para entrar em ação. O resultado é que todos se convenciam de que os tanques não passavam de armadilhas mortíferas. (Bion, 1997, p. 138, tradução livre)

Analista Bion: "*I did it my way*"

Veja, independentemente de quão inteligente um homem possa ser, se você o elevar à categoria de "guia", ele perde todo o bom senso, a iniciativa e o recurso e cai na vala-comum de todos os "guias" que existiram desde o começo do mundo. Todo "guia" que se orgulhe de ser um membro da fraternidade age do mesmo modo. Ele inicia o processo com enorme confiança e impõe um ritmo que torna impossível, para qualquer tropa que esteja sendo guiada, poder acompanhá-lo.

Após uma milha ele começa a ratear, mas garante a você, com a confiança de um ator nato, que conhece o lugar como "a palma da minha mão". Meia hora depois ele ainda está cheio de confiança, mas seu papo agora

> *baseia-se no pressuposto de que, no passado, ele já tinha se perdido: "Agora não falta muito, o senhor vai ver; tudo indica que o caminho é este: este lugar eu conheço bem" etc. Se você for esperto, você se livra dele sem pestanejar antes que cause mais dano e tenta desfazer o nó por sua conta. Caso contrário, mais meia hora e ele terá de admitir: "Bolas, devo confessar que estou perdido!" – essa afirmação sendo expressa num tom de alguém que foi vítima involuntária de alguma feitiçaria. (Bion, 1997, p. 163, tradução livre)*

Capitão Bion: compaixão e consideração

> *Ao chegarmos em Bohain, a vila acabara de ser retomada por nossas tropas, e do outro lado ouvíamos estrondos de rifle. Um pouco antes, uma banda britânica chegara e tocara a Marselhesa. Um punhado de gente, até então escondido nos galpões, aparecia para olhar aturdido, sem sinais de alegria a iluminar suas faces. Acho que não estavam acreditando no que estavam ouvindo: mais tarde me contaram que, sempre que a banda tocava, o entusiasmo era frenético.*
>
> *Barr e eu paramos para olhar. As pessoas pareciam aflitas, miseráveis e envelhecidas. Parece que elas tinham sofrido muitas privações, das quais as pessoas nas grandes cidades conseguiam escapar... Enquanto Barr e eu observávamos, nossa atenção foi subitamente atraída por uma menina que saiu de uma casa e se esgueirou pela rua. Nós dois nos horrorizamos, pois, apesar de ela claramente ter ao redor de 16 anos, o terror estava estampado em sua cara.*

Eu nunca vira, e gostaria de nunca ver de novo, tanto sofrimento e horror desfigurar uma face. Ela andou até o meio da rua, nos encarou apavorada e, então, arrastou-se para dentro de uma porta do outro lado. Ainda tentamos buscá-la com os olhos, mas, então, nos mandamos rapidamente. Nós já tínhamos visto anteriormente coisas terríveis, mas sempre parecia existir algum aspecto atenuante: grandes mutilações significavam, pelo menos, se livrar da guerra, e a própria morte não implicava em sofrimento prolongado. Mas, da desgraça dela *era impossível se livrar. Alguns dias depois, ela deu à luz um bebê alemão, mas desconheço o seu destino. Não concebo que o sofrimento estampado em sua face possa ser justificado por qualquer sistema ético. Só espero que ela tenha morrido, pois não consigo imaginá-la recuperando a vida ou felicidade. (Bion, 1997, p. 191, tradução livre)*

Capitão Bion: compaixão e indignação

Entrei no primeiro vilarejo com cautela. No topo da escada de um paiol vislumbrei uma jovem prostituta de uns 14 anos; ela me olhou com olhos intensos, ferozes, mas vazios de especulação. Ela me vigiava, e eu senti que devia dizer algo, do tipo "Está um belo dia!", ou perguntar onde é que todo mundo tinha se metido. Ela sentia e sabia que eu falei, estava falando, iria falar. Naquele instante, mudo, quase sem ação, ela desapareceu como que derretida no paiol subterrâneo.

. . . Eu estava chocado. Após quatro anos de guerra e dois de combate, eu podia dizer, "Porra, que merda!", ou talvez

> *simplesmente: "Que inferno insuportável". Mas o sexo, e mesmo a gravidez, aquilo exigia alguma compreensão. Afinal de contas, este era um fato: os alemães eram perversos. Eu imaginei que ela tivesse sido estuprada.*
>
> *"Me desculpe perguntar, por que é que você assombra os meus sonhos, sua garotinha... com sua carinha escolar assustada? Ou seria de puta?"*
>
> *. . . No fundo, esta criaturinha grávida tinha seus atrativos. Ela tinha passado ao largo do estado civilizado, como a multidão perseguindo e atormentando uma mãe de cabeça raspada enquanto ela andava vigorosa, brava, orgulhosa e desafiadoramente, carregando seu bebê em busca do abrigo de uma casa em Roden. Há certa dignidade neste animal selvagem que esta linda criança tinha se tornado. Talvez eu devesse ter tirado meu capacete e, subitamente, gritado: "Xô!": aposto que isso teria feito com que ela se escafedesse escada a baixo. A multidão teria se divertido com isso. (Bion, 1997, p. 281, tradução livre)*

Analista Bion: o inconsciente premonitório

Bion descreve uma visita que fez à linha de frente a convite do major Hotblack em que, sentindo-se apavorado, lançou-se a uma medição compulsiva com sua bússola oferecendo a seu superior a desculpa que esses dados seriam úteis na batalha do dia seguinte: no fundo, porém, foi uma manobra para camuflar seus verdadeiros sentimentos. Na sequência, tendo comentado com o major que reclamara do baixo nível dos oficiais recém-chegados, que talvez a eles faltasse uma boa dose de polimento, ouviu o seguinte: "Não, não é isso, isso seria irrelevante. O que é mais sério é que a falta de boas maneiras deles – ou de "polimento", como você chama – demonstre no fundo a vulgaridade ou indiferença de suas personalidades. Frequentemente, me parece que este pessoal tem certa dose de ambição e garra pessoal, mas bem pouca ideia de que, ao atingirem cargos de importância, existem obrigações a serem cumpridas".

Ele conta como "evoluiu" de um oficial inseguro diante de seu superior Hotblack, achando que suas medições com bússola ao redor da ponte visavam somente disfarçar o tremor de suas mãos, a um herói quando, na hora do ataque, em plena madrugada, os tanques inesperadamente viram-se mergulhados em um terrível *fog*. Neste momento, o direcionamento dos tanques, feito por meio da fixação no solo de fitas adesivas, só foi possível em função das "medições premonitórias" que Bion efetivara pela manhã e que, ao final, salvaram todo o batalhão (Bion, 1997, pp. 225-226, tradução livre).

Analista Bion: ruminações encobridoras de medo

Dirigindo-se para o mato, onde seu tanque estava escondido, Bion "passou a sentir náuseas e medo, sendo invadido pela sensação de um desastre iminente". A seguir rumou para a ponte destruída, onde uma pilha de feixes de madeira aguardava a hora que os tanques fossem atravessar o riozinho, para serem dispostos como calços: tendo de esperar, Bion sentou-se num monte de entulho para fumar. Este tipo de trabalho, ele pensou, poderia bem ser executado por um fantoche cheio de palha:

> *Eu gostaria, nesse instante, de ser este fantoche. Infelizmente, se eu for ferido vai doer e eu odeio ser baleado. Não acho que alguém saiba como me apavoro com a dor física. Se pudesse ter certeza de que seria morto, acho que não me importaria, mas o terrível e assustador é o pensamento*

> *horroroso de que nossa canela pode esmigalhar-se dentro de nossas pernas, além de projetar estilhaços: isso é que é insuportável. Mas a troco de que este rematado idiota está sentado aqui pensando nisso? (Bion, 1997, pp. 239-240, tradução livre)*

Capitão Bion: o humor mitigando o pavor

> *"Mete chumbo" disse Cohen; "Peito aberto!" disse Quainton. Eu não estava com medo: mas sentia como se minhas narinas tremessem farejando o perigo vigiadas por mil olhares, olhos animais como aqueles da noite indiana da minha infância. . . . Espero que consigamos passar antes que eles comecem a bombardear este maldito lugar com algo destruidor como SE (não "Sua Excelência", seu idiota, mas sim "superexplosivo"). (Bion, 1997, p. 126, tradução livre)*

Analista Bion: o heroísmo involuntário

Nos capítulos 15 e 16 de *The Long Week-End*, temos relatos que descrevem Bion em ação com um aparente sangue frio, quando, na realidade, ele estava num estado febril de origem indeterminada, mas, talvez por isso mesmo, tomado por um "entusiasmo corajoso" que acabou lhe garantindo a outorga de uma de suas condecorações, ao que tudo indica, a Victoria Cross.

> *Estávamos debaixo de fogo, mas eu não tinha a menor ideia de onde estavam vindo os projéteis. Eles estavam de fato convergindo sobre nós, de todas as direções.*

Na ocasião parecia mais provável que sua origem fosse o paredão em frente, mas eu não tinha um bom motivo para me concentrar naquele alvo mais do que em qualquer outro. Falei a O'Toole para se encarregar da trincheira, enquanto eu tentava enfrentar nossos fustigadores.

Prendendo quatro tambores de munição de metralhadora Lewis em minha cintura e a própria metralhadora, trepei desajeitadamente na parte superior do tanque e ajeitei minha arma sob proteção, pelo menos foi o que imaginei, da faxina – o feixe de varetas com cerca de quatro pés de espessura que estava substituindo o travessão de desentrincheiramento, que era usado como um equipamento especial para se ultrapassar as valas profundas do sistema de trincheiras da Linha Hindenburg. Eu não estava cônscio de qualquer perigo e, portanto, não senti nada do medo que poderia ter servido como substituto do meu bom senso, que estava totalmente ausente. Tinha uma boa visão do pequeno matagal atrás do paredão, então passei metodicamente a pulverizá-lo. Gastei logo quase todos os quatro tambores de munição.

Nesta altura, minha travessura tinha incitado uma verdadeira casa de marimbondos no matagal. Não tenho ideia do que eu esperava que pudesse acontecer – provavelmente nada –, mas fiquei surpreso ao verificar que tropas alemãs, comandadas por um oficial, se esgueiravam para fora de um buraco no distante ângulo esquerdo do paredão. Um oficial apontou seu bastão em minha direção para orientar suas tropas. Eu girei e abri fogo sobre eles à medida que se aproximavam através do buraco. Neste instante minha arma emperrou.

Percebi que se tratava de um simples bloqueio, mas, não conseguindo destravá-lo, e considerando que meus tambores estavam sem munição, deixei-me cair sob a proteção da trincheira, em vez de me arrastar até ela.

Neste momento, devo ter ficado completamente apavorado, apesar de não estar consciente disso. Minha tripulação estava indiferentemente parada sem nada fazer.

"Por que cargas d'água vocês não estão atirando?", falei para o cabo Forman – pois ele e O'Toole foram os homens que sobraram. Allen, o motorista, tinha voltado juntamente com o Allen atirador para levar nossos dois feridos, Pell e Richardson, para o perímetro das trincheiras. "Pelo amor de Deus homem! Atire neles!" Apontei o inimigo que agora se postava em campo aberto. O'Toole estava bestando com uma arma alemã nas mãos.

"Não tem munição", disse Forman.

Antes que o inimigo se recobrasse, eu disse, "voltem!' – para as trincheiras distantes cerca de cem jardas –, "piques curtos!". O'Toole continuava lutando com a arma alemã.

Lembro-me de nossos piques curtos; Forman e eu com nossas últimas duas metralhadoras Lewis. Lembro-me de ter sido puxado para a trincheira por um Highlander. Finalmente salvo, eu pensava, à medida que ia percebendo que nós três estávamos presentes, ainda ilesos. Não me lembro de outros detalhes além destes, a não ser uma vaga sensação de estar sob fogo.

Gradualmente me abasteci. Richardson e Pell estavam com bom aspecto, mas ambos estavam muito feridos para continuar a lutar; os dois Allens estavam muito abalados, e como não havia nada a ser guiado por Allen, decidi enviar todos os quatro de volta com O'Toole, que deveria se apresentar no QG da companhia avançada, depois de encaminhar os dois feridos para o primeiro posto de socorro avançado. Os Allens, ele devia encaminhar ao oficial médico do regimento. Forman e eu ficamos com nossas duas metralhadoras Lewis e a metralhadora alemã, que agora estava em ordem, após a ajuda de O'Toole, para atirar novamente.

Eu me apresentei ao capitão dos Seaforth, Edwards, que parecia ser o único oficial remanescente em sua companhia. Enquanto conversava com ele na trincheira, ouviu-se o estouro estridente de um projétil vizinho. Ele caiu para a frente e eu percebi sangue e cérebro eviscerando da parte traseira do crânio.

Eu estava muito aturdido para saber de onde, ou como, o projétil fora detonado; podia ter sido acaso, mas a infantaria não teve dúvidas de que se tratava de um tiro dirigido. Como estávamos ocupando o sistema de trincheiras do inimigo, não existia parapeito para nos proteger do fogo dentro do ponto forte planejado.

Uma exploração demonstrou um espessamento suspeito próximo ao cume de um dos pinheiros mais altos; foi nisso que o fogo de nossas Lewis se concentrou de imediato. Sob o fogo intenso, o espessamento começou a se desintegrar, um corpo se desprendeu, enroscou-se em alguns galhos, ficou suspenso por um instante e caiu estrepitosamente sobre os galhos de baixo, foi novamente refreado e finalmente se chocou com o solo. As metralhadoras Lewis continuaram sua exploração matraqueante de todos os

> *cimos de árvores no raio de nosso segmento, mas não surtiu qualquer outro resultado. Edwards foi vingado. O que quer dizer "vingado"? Esta é para pensar mais tarde.*
>
> *Em Ypres, e noutra ocasião mais tarde, existia um franco-atirador postado a pelo menos uma milha no interior de nossas linhas. Em cada um dos casos ficou claro que o fim do franco-atirador seria morrer ou, mais improvavelmente, ser capturado. Este tipo de valentia de sangue-frio, se é que existe essa coisa de valentia, eu podia invejar, mas jamais tentar igualar. (Bion, 1982, pp. 91-98, tradução livre)*

Capitão Bion: episódio "*Kamarad kaput*"

> *Uma figurinha, que parecia ainda menor ao tentar correr com os braços na cabeça como prisioneiro, gingava em minha direção em surpreendente velocidade. Projetou-se a meus pés tentando abraçar minhas pernas:* "Kamarad kaput! Kamarad kaput!" *("Meu colega tá ferrado!"). O que é que aquilo tinha a ver comigo? Apesar de estar atrasado para meu encontro, deixei que aquele idiota enlouquecido me arrastasse puxando meu uniforme para uma trincheira distante cerca de 20 m. . . . Ele indicou que eu entrasse; saquei meu Colt; não era louco de cair numa armadilha para trouxas; empurrei-o para dentro primeiro. Dentro, ele se ajoelhou de novo do lado de outro alemão, que jazia no chão com a cabeça esmagada na lateral da trincheira, a perna esquerda violentamente torcida a partir da articulação coxofemoral, de modo que sua bota chegara atrás da cabeça. Ele estava morto, mais*

> *morto impossível. O alemão, ajoelhado, queria que eu abaixasse para auscultar o coração do outro. Eu estava assustado.* "No – nein, nein... tod", *eu falei. Ele rompeu em lágrimas e novamente tentou me segurar. Xingando--me pela minha besteira eu me soltei e o deixei chorando sozinho. Eu estava transtornado. Obviamente, eu sequer estava à altura de um soldado, muito menos de um oficial condecorado. (Bion, 1982, p. 251, tradução livre)*

Analista Bion: episódio Sweeting

Bion dirigiu-se ao fronte andando vagarosamente de modo a manter uma distância de cerca de 27 m atrás da linha que seus tanques deveriam estar seguindo: com uma mão ele segurava a bússola e com a outra, puxava o cinto de seu mensageiro Sweeting para mantê-lo ao seu lado.

O sargento O'Toole estava morto, pensou Bion melancolicamente, enquanto continuava a andar firmemente para a frente com sua mão ainda agarrada ao cinto de Sweeting. Como estavam avançados, ele e Sweeting se atiraram numa cratera de bomba para se proteger. Bion estava abatido: precisava de tempo para pensar. Sweeting agarrou-se com força a Bion que, então, percebeu quão apavorado o rapaz estava: havia com certeza razões para medo. Os estouros de bomba eram incessantes, não havia pausa entre um e outro e, agora, já não se distinguia o som das armas: tudo se perdia numa colossal tempestade sonora.

Pálido de medo, Sweeting novamente se afundou o mais que pôde no buraco, abraçando-se fortemente à lateral de Bion em busca de mais abrigo. Bion percebeu que Sweeting estava tentando falar com ele. Era impossível escutar uma fala normal, pela altura do som do bombardeio. Inclinando seu ouvido o mais próximo possível dos lábios de Sweeting se movendo, ele o ouviu dizer: "O sr. sabe por que eu não consigo tossir? O que se passa? Algo aconteceu". Bion se virou, olhou para a lateral de Sweeting e, dali, viu saírem lufadas de vapor do buraco onde a parte esquerda de seu tórax deveria estar: um estilhaço de bomba a arrancara. O pulmão desaparecera. Dobrando-se para trás do buraco, Bion começou a vomitar copiosa e desamparadamente. Então, recobrando-se um pouco, viu os lábios do rapaz se movendo de novo. Sua face estava com uma palidez mortal e banhada de suor. Bion inclinou a cabeça de modo a aproximar ao máximo seu ouvido da boca de Sweeting.

"Minha mãe, mãe, o sr. escreve para ela: por favor. O sr. não esquece do endereço dela: Kimberly Avenue, nº 22, Halifax. Ah, minha mãe, mãe, mãe!" "Por amor de Deus!", gritou Bion, revoltado e aterrorizado. "Escreva para minha mãe, o sr. não esquece de escrever para minha mãe?" "Por amor de Deus, já disse que sim, mas cala esta boca!" "Escreve para minha mãe, mãe, mãe. Por que eu não consigo tossir?" As lufadas de vapor continuavam a sair em jatos do lado estraçalhado. "Por que não consigo tossir? O sr. vai escrever para ela?" Sua voz começou a fraquejar. "O sr. escreve para ela, mãe, mãe..."

Ele desfaleceu debilmente nos braços de Bion, não tentando mais se proteger na cratera. Sua face, chocantemente lívida, voltou-se para o céu. O *fog* rodopiou espessamente ao redor dele. A cada momento eles pareciam banhados por saraivadas de centelhas brilhantes advindas do aço fervente das bombas explodidas.

> *Eu nunca sofrera um bombardeio deste tipo, nunca – mãe, mãe, mãe –, eu nunca sofrera um bombardeio como este. Gostaria que ele se calasse, que ele morresse. Por que ele não morre? Com certeza ele não conseguirá viver com um enorme buraco aberto na lateral como aquele. (Bion, 1997, p. 252 e segue, tradução livre)*

O sonho de Bion

Meg Harris Williams, provavelmente a maior conhecedora dos padrões subjacentes a *Uma memória do futuro*, nos apresenta uma versão onírica produzida por Bion (1991):

> *PA (psicanalista) – Direcionei rapidamente o tanque de comando. Eu sabia que as armas navais de longo alcance poderiam nos atingir. "Saiam!", eu disse a eles, "e andem para trás até que ele seja atingido". Coloquei os controles na velocidade máxima e eu mesmo pulei fora. Ele precipitou-se para a frente – pelo menos para os padrões daquela época – de modo que nós mal conseguimos cambalear junto com ele. E então – então! – fui totalmente tomado por horror. Idiota! O que é que eu tinha feito? À medida que me arrastava e cambaleava em função de uma gripe que me entorpecera para tentar me acertar de novo com o tanque, na sombra do qual eu tinha ordenado que minha tripulação se protegesse, a minha realidade fria e gelada revelou um fato: o tanque totalmente ileso com suas armas e munições e seus motores com 175 cavalos foi entregue às mãos do inimigo. Sozinho, eu sozinho tinha feito isso! Minha febre bateu em retirada tentando reconciliar-se com sua origem desconhecida.*
>
> *Lembro-me de como me senti quando eu era Vinte e Um. Acabáramos de receber ordem para avançar ao fronte: eu estava apavorado. Eu não estava gostando nada da perspectiva. As ordens eram que não devíamos dar descanso ao inimigo, mas prosseguir na perseguição, agora que ele estava derrotado e uma grande brecha se*

> *abrira em suas linhas por nossa vitória em 8 de agosto. Infelizmente, eu tinha sido condecorado por heroísmo. Vinte e Um sabia que eu estava apavorado, mas não tinha coragem de conseguir uma documentação que me dispensasse como inválido. Eu sabia que não tinha a coragem para façanhas "heroicas". Além do mais, eu estava gripado: deram ao meu mensageiro um frasco de "phyz" para me equilibrar. Como ninguém sabia qual era minha doença, ela foi designada como FOI (febre de origem indeterminada). Eu ansiava em ter uma morte súbita e indolor. O soldado de infantaria ao meu lado tinha um buraco no abdômen. Olhávamos para ele com frieza. "Ele está liquidado: por que perder nosso tempo com ele? Vamos lá: a hora do combate chegou". Pulei afobadamente para fora da trincheira e comecei a andar em frente. Eu inibi – como mais tarde aprendi a judana-lo – qualquer fiapo de fato, impedindo-o de irromper na minha FOI. Um homem grisalho, com as pernas entrelaçadas em volta do pescoço, como um cachecol, me pediu para juda-lo. Era irritante me sentir solicitado a desembaraçar seu "colarinho". Além do mais, estava ocupado. "Sem chance de mandar padioleiros!" Eu sabia que eles não viriam; só os padioleiros do regimento eram confiáveis. Então, por que eu falara aquilo? Me ensinaram, me disciplinaram, de modo que, exatamente numa crise daquele tipo, eu não fosse surpreendido por um problema inesperado sem ter condições para resolvê-lo. (pp. 453 e ss.)*

Meg se aproveita de um episódio em que o oficial de inteligência, que acompanhava Bion, chama sua atenção para um dado surreal, para tecer comentários sobre a reciprocidade estética na constituição do pensamento.

> *Vinte anos – Quando eu me safei da Terceira Batalha de Ypres e mal sabia se estava vivo ou sonhando, o oficial de inteligência me perguntou se eu tinha percebido o ponto em que o terreno aluvial se transformara em cretáceo. Eu nem mesmo consegui rir. (Williams, 2010, pp. 58-61, tradução livre)*

Em nível de senso comum, o oficial de inteligência é um "imbecil metido a sabido", um daqueles cuja imaginação não consegue alcançar a "linha de fogo" e que permanece circunscrita à mesa dos mapas, do mesmo modo que Bion tinha descrito a sua confiança nas marcações da bússola como um substituto para saber onde ele mesmo se encontrava (Bion, 1982, p. 208). O conluio com a mentalidade da nave dos loucos na sala do Estado Maior, atrás da linha de frente, levava a um "terrível derramamento de sangue". Mas em nível de sonho e de metáfora, as várias partes da mente de Bion estão se engajando num tipo diferente de oficial de inteligência interno, para encontrar a centelha vital de sabedoria que está escondida nas cinzas das guerras de tanques.

Torna-se cada vez mais claro que a carapaça cretácea do tanque não é uma proteção perfeitamente segura contra a catástrofe quando se fiando na impensabilidade. Quando usada *no lugar* do cérebro, ela atrai o desastre, como os tanques atraem os balões de observações dos inimigos, se amontoando em cima deles. No entanto, há um outro sentido no qual os cérebros precisam se libertar de seus confinamentos e interceptar a "Realidade Última", por meio de um fogo mental tocaiado. As sementes para essa mudança catastrófica construtiva foram semeadas pelo sonho *presente* do Vinte e Um na medida em que ele revisita o momento em que abandonou o seu tanque durante a Batalha de Happy Valley. Os eventos literais daquele dia são recontados no *The Long Week-End*, mas a história aqui é contada de uma maneira diferente: ela é *sonhada*. Significativamente, Vinte e Um permite que a sua história seja contada pelo PA ("Quando eu era Vinte e Um..."), indicando em que grau o seu significado está sendo digerido por meio do próprio ato narrativo.

Nota: o personagem Vinte e Um corresponde ao capitão Bion ao final da guerra.

Inspirado no "estranho encontro" proposto por Own, achei pertinente produzir um texto ficcional entre a alma de Owen e o fantasma de Bion, aqui reproduzido:

Pálidos flocos, num tatear furtivo,
vão sentindo nossas faces –
Nos retraímos em buracos, retomando sonhos
esquecidos, e encaramos, aturdidos – pela neve,
As trincheiras arrelvadas em profundidade.
E assim, cochilamos, embalados pelo sol,
Confusos com florescências gotejando
importunadas pelo melro.
Será que estamos morrendo?

"Revelação", Wilfred Owen

Inspirado no "estranho encontro" proposto por Owen, achei pertinente produzir um texto ficcional entre a alma de Owen e o fantasma de Bion, aqui reproduzido.

a. Idealismos juvenis

Fantasma: Meu nome é Wilfred Ruprecht Bion, nasci em 1897 em Mutra, na Índia, para onde meu pai foi enviado como engenheiro nos estertores do Império Britânico. Aliás, consta que minha mãe tinha sangue meio indiano, mas minha principal referência até meus 8 anos foi minha Aya, minha "mãe indiana", que me amamentou recitando versos do *Bhagavad Gita*. Alguns estudiosos a consideram minha primeira Musa, seguida por minha analista, Melanie Klein, e, finalmente, por Rosemary, um personagem ficcional que criei para representar o destemor intuitivo do espírito feminino.

Aos 8 anos fui enviado para a Inglaterra como interno do Bishop's Stortford College, uma experiência que me mergulhou numa profunda solidão, mas, parodiando Milton, eu estava "sozinho, mas não solitário". Meu grande companheiro foi meu próprio *self*, amigo de todas as horas, que me ajudou a sobreviver num ambiente eivado de glórias coloniais, ortodoxia religiosa e disputas escolares. Sempre fui tímido e reservado, qualidade que muitos encaram como sinônimo de ser franzino, instável e precário, mas que eu considero ser a qualidade mais rija, robusta e sustentável que possuo. No entanto, logo descobri outro aliado, minha compleição física robusta, que não só impunha certa autoridade, mas também me trazia vantagens nas competições esportivas. Mal sabia eu, naquele então, que essas competições sempre estiveram na raiz das guerras, como exposto com brilhantismo por Johan Huizinga em seu famoso *Homo ludens*.

Em 1915, saído da escola sem maiores perspectivas futuras, acho que fui influenciado pela propaganda patriótica orquestrada pelo ministro da Guerra Lloyd George e instrumentalizada pelo pôster estampando a figura imperial de Lord Kitchener, com seus bigodes apocalípticos, seu dedo acusador e seu olhar mesmerizante me convocando para a guerra em curso. Confesso, também, que me impressionei com a poesia ufanista de Rupert Brooke, que incitava os jovens a responder céleres ao chamamento do famoso pôster: "*Britons, Join Your Country's Army!*".

Poucos sabem, mas eu me apresentei como voluntário e, para minha imensa decepção, fui recusado sem até hoje saber por quê. Mas, meu orgulho ferido levou-me a aceitar a interferência de um amigo de meu pai, sr. Marsh, e assim, em 4 de janeiro de 1916, fui aceito como um membro do Royal Tank Corps. Eu estava encantado com a perspectiva de penetrar o segredo destes "tratores de lagarta" inventados pela engenharia bélica britânica, cujo protótipo, em função de seu formato e função, correu o risco de ser denominado "continente", "receptáculo", "reservatório" ou "cisterna". Chegando ao Acampamento de Bovington, deparei com "Aquela forma mecânica bizarra, imobilizada e imobilizadora, tão assustadora como a armadilha primitiva usada para capturar tigres na Índia", como registrei em meu diário.

O predomínio em 1915 da guerra de trincheiras incumbiu os tanques da missão de funcionarem como ponta de lança dos avanços da infantaria, esmagando as barreiras de arame farpado e abalroando os postos avançados de metralhadora. Logo, porém, ficaram patentes as limitações deste "velho ictiossauro", um dos muito epítetos irônicos com os quais a imprensa da época passou a denominar a estrambótica novidade: lentidão no deslocamento, dificuldades na manobra, facilidade para atolar e problemas na reposição de peças. Logo percebi que tinha em mãos um brinquedo perigoso em função de sua facilidade em atrair o fogo inimigo, colocando sua tripulação de oito homens no interior de uma fornalha prestes a explodir. Como comandante, posto que logo alcancei, fui tomado pelo pesadelo de cair ferido e ser esmagado pelo tanque, já que, neste posto, era obrigado a permanecer do lado de fora.

Durante algum tempo, alimentei-me de ilusões: como membro da "brigada dos carolas", achava que a Bíblia poderia me proteger dos tiros; como filho de meu pai, sempre me lembrava de seu conselho de que "Numa guerra justa, devemos lutar com mãos limpas!". No começo, estávamos no reino do faz de conta: um bando de escolares se fingindo de soldados, ensaiando para a coisa concreta e achando que a guerra era algo normal e não um desastre aberrante.

Alma: Meu nome é Wilfred Edward Salter Owen, nasci em 18 de março de 1893 em Weston Lane, no condado de Shropshire, e, apesar de meu pai ser um ferroviário, meu avô Edward Shaw era abastado e nos ajudou. Minha mãe, uma fervorosa evangélica, me incutiu suas crenças, mas ao redor de 1904, durante umas férias que passei em Cheshire, descobri minha própria crença, a poesia, a partir dos poetas românticos ingleses, em especial John Keats. Consegui ocupar o cargo de assistente do vigário de Dunsden e logo me desiludi com a igreja, seja pela rigidez de suas cerimônias, seja por sua incapacidade de realmente ajudar os necessitados.

Em 1912, consegui ensinar inglês e francês na Escola Berlitz de Bordeaux, onde encontrei o poeta Laurent Tailhade, que reforçou minha veia poética. Em 1915, talvez influenciado pela onda do momento, resolvi me alistar no Artists Rifles Officers Training Corps, com o desejo secreto de poder desenvolver uma poesia que expressasse com vigor a consternação sobre os horrores da guerra.

Minha produção poética foi imediata e frenética, de modo que em maio de 1918, já tendo produzido um número considerável de poemas de guerra, resolvi publicá-los. Com isso, passei a renegar a retórica desgastada do georgianismo vigente e concentrei meu interesse na compaixão (*pity*), entendida não como um sentimento de lástima, mas de simpatia, um *Einfühlung*, ou seja, uma imersão na condição do sofredor.

Após entrar em ação, sofri uma concussão ao cair numa cratera e fui jogado para o alto com a explosão de um morteiro. Diagnosticado com "trauma de guerra", fui enviado ao Hospital Militar de Craiglockhart, onde o dr. Arthur Brock, um entusiasmado *avant la lettre* pela psicanálise freudiana, me sugeriu relatar poeticamente minhas experiências traumáticas revividas em sonho. Encontrei-me ali também com o grande poeta Siegfried Sassoon, com quem desenvolvi uma intensa relação homoafetiva em função do grande incentivo conferido à minha poesia. Em julho de 1918, mesmo autorizado a permanecer na retaguarda, voltei à ativa na França para continuar minha cruzada contra a estupidez da guerra (Sassoon ameaçara esfaquear minha perna para impedir esta loucura).

b. O sofrimento emocional com a experiência de guerra

F: Minha experiência na guerra foi tão horrível que não consegui enviar cartas a meus pais: por isso, no término da guerra, já em Oxford para estudar história moderna, resolvi fazer um "diário *post-mortem*" para tentar exorcizar meus fantasmas. Eis alguns dos depoimentos que registrei ali:

- "A solidão era intensa: ainda sinto a minha pele esticada sobre os ossos da minha face como se fosse a máscara de um cadáver. O medo de ter medo invadia a todos, tanto oficiais quanto soldados."
- "Será que uma bomba podia cair a meu lado, ou em cima de mim? É claro que sim: então, parei de pensar naquilo, refugiando-me instintivamente num vazio mental [*mindlessness*]."
- "Sentindo minha face vertendo um suor gorduroso, levantei minha mão para limpá-lo: . . . notei que minhas mãos estavam cobertas de sangue . . . Instantaneamente o interior do tanque virou um inferno. . . . uma explosão na traseira do tanque nos sacudiu. O tanque parou . . . 'Todo mundo para fora! Fujam atirando enquanto corremos em direção à trincheira!' . . .

O inimigo deve ter se surpreendido tanto quanto nós: nós oito chegamos a salvo dentro de um compartimento da trincheira inimiga. . . . Quando olhei para trás, vi que o tanque apresentava um buraco de bomba no lugar antes ocupado pelas peças traseiras garantidoras da direção no lado direito; isso o imobilizou, mas a destruição das engrenagens impediu que noventa galões de combustível se inflamassem. Foi assim que nos vimos instalados no ponto forte do inimigo, ocupando um pequeno setor de trincheira num verdadeiro forte."

- "Estava uma tarde gloriosa. Maravilhosa: perfeita para uma batalha. . . . O solo também estava perfeito para os tanques: sem lama, como em Cambrai. Em realidade, um deles estava na minha frente: queimando, queimando ferozmente. A cada instante ele parecia soluçar com indigestão à medida que uma nova leva de bombas explodia. . . . Para fora da porta, três corpos carbonizados pendiam como se fossem intestinos eviscerados. Eu sabia tratar-se do tanque de Corkran: assim, fora-se o último componente da minha tripulação original que se incorporara ao batalhão."

Mas, uma guerra não é feita só de suor e lágrimas: ali nos confrontamos também com o capítulo surreal das condecorações e da hipocrisia da Grã-Bretanha (a puta velha), que envia seus jovens para morrer e, sem cerimônia, os agracia com símbolos de heroísmo para serem exibidos publicamente, gerando às vezes admiração e, muitas outras, inveja. Ao longo da guerra, participei de alguns episódios não necessariamente em função de minha coragem, mas também com a ajuda da sorte ou do acaso. Achei ridículo quando o major Gatehouse, que já pretendia me indicar para a Military Cross, recebeu um informe da 51ª Divisão me indicando para a Victoria Cross, de maior expressão. O pior de tudo seria me confrontar com a tripulação de meu tanque: eles tinham passado por tudo junto comigo, e não iam ganhar nada?

Contudo, quanto mais eu tentava esconder publicamente as condecorações, mais elas me perseguiam: até o final da guerra ainda recebi a DSO (Distinguished Service Order) e a Légion d'honneur. No fundo, no entanto, eu sabia que a diferença entre ser encaminhado para a Corte Marcial ou o batismo de herói dependia do lado que escolhemos para sair correndo.

A: Quando entrei em ação já tinha produzido um poema, "Incapacitado", cujo personagem principal, ao alistar-se, "pensava em empunhaduras incrustadas de joias/ para adagas com estojos escoceses; em saudações brilhantes/ e vigília de armas; nas folgas; e no recebimento de atrasados;/ . . . e já se considerava recrutado com tambores e vivas."

Como contraponto a essa visão romântica, após minha participação na Batalha de Arras em abril de 1917, meu testemunho mudou radicalmente, a ponto de escrever numa carta que: "Sofri sete infernos. Fizemos uma marcha de três milhas sobre um caminho minado e, mais tarde, cerca de três milhas numa trincheira inundada. Depois, chegamos a um lugar onde as trincheiras tinham sido explodidas e tivemos de caminhar a descoberto. Estava muito escuro, o barro não era só escorregadio, mas um verdadeiro polvo absorvente de argila: alguns homens se afogavam ali. Muitos se atolaram no barro e só conseguiram levantar deixando suas mochilas, equipamentos ou a própria roupa. Cada um de nós para cada três mortos conseguiu chegar à trincheira".

Ou então que: "Suponho que possa suportar o frio, a fadiga e o estar cara a cara com a morte tão bem quanto qualquer outro, mas, para mim, há algo extra: a extensão universal da fealdade. Paisagens horríveis, ruídos vis, linguagem obscena, inclusive em nossa própria boca; a deformação dos mortos, cujos corpos impossíveis de enterrar ficam fora das covas todo o dia, toda a noite, e oferecem as mais execráveis visões sobre a terra".

Logo, minhas poesias se embeberam de consternação e revolta, como exemplificado nestas passagens de "Insensibilidade":

> *Felizes aqueles que, ainda antes de serem mortos,*
> *Permitem que suas veias se enregelem . . .*
>
> *E alguns deixam de sentir*
> *até a si próprios ou por si próprios.*
> *O embotamento administra melhor*
> *O aborrecimento e a dúvida da destruição. . . .*
>
> *Felizes aqueles que perdem o discernimento:*
> *Já se sentem contentes com a munição que carregam. . . .*
> *Tendo visto o vermelho por todas as coisas,*
> *Seus olhos se livrariam para sempre*
> *do sofrimento da cor do sangue.*

c. Matar e morrer

F: Escrevi dois livros relatando minhas experiências na Primeira Guerra Mundial. O segundo, com o título de *War Memoirs*, foi publicado em 1997, graças à diligência de minha viúva Francesca: pois é, eu estava esquecendo de contar que morri (pela segunda vez) em 1979, recém-chegado à Inglaterra, de onde me afastara desde 1968 em direção a Los Angeles, e onde esperava encontrar maior liberdade intelectual para expandir minhas teorias psicanalíticas. Na Inglaterra, eu estava ou sendo entulhado de honrarias (como na guerra), ou atacado como um excêntrico à beira da loucura. Mas, uma leucemia mieloide aguda diagnosticada em 1 de novembro acabou comigo em uma semana, apesar de já ter certa experiência no assunto: eu já "morrera" em 8 de agosto de 1918, após a Batalha de Amiens, pressentindo que a guerra estava acabando e que, ao contrário da maioria dos meus colegas oficiais e de meus subordinados, eu sobrevivera entupido de culpa. Em meu lugar, passei a conviver com meu fantasma, o qual, para minha consternação, me acompanhou pelos próximos 61 anos. No primeiro volume de minha autobiografia, publicado em 1982, ainda graças a Francesca, emiti meu juízo final acerca deste incômodo visitante: "Estes velhos fantasmas nunca morrem. Eles nem chegam a perder o viço, mas preservam maravilhosamente a sua juventude".

Neste segundo livro, escrito em plena maturidade, quando eu já era um psicanalista conhecido e por muitos admirado, pude descrever com mais detalhes os pesadelos que a guerra me causou. Um dos mais dramáticos ocorreu com meu estafeta Sweeting: tentávamos escapar do bombardeio na estrada Amiens-Roye e de repente nos precipitamos para dentro de uma cratera escavada por uma bomba. Percebi que Sweeting tentava dizer algo: "Capitão! Capitão, por que não consigo tossir?". Eu olhei para o seu tórax e notei que o lado esquerdo tinha sido arrancado e seus lábios mal murmuravam: "Minha mãe... mãe... mãe!". Exausto e irritado, não hesitei em mentir: "Sweeting, logo uns padioleiros virão te pegar!". Ele, num último esforço, me fez um pedido dramático: "O senhor escreve para minha mãe... o endereço dela...?". Foi demais: interiormente eu só consegui mandá-lo à merda! (*Blast you!*) Então, acho que ele morreu... ou talvez eu é que tenha morrido... Sweeting morreu sem saber quem o matou, mas eu sabia que a morte dele me matara.

A: Fui agraciado com a Military Cross por uma ação em 1 de outubro de 1918, por mim comandada, perto da vila de Joncourt, visando tomar de assalto vários postos de resistência do inimigo. Infelizmente, minha condecoração foi expedida só em 30 de julho de 1919 e eu não pude recebê-la, pois já morrera em 4 de novembro de 1918, uma semana antes do Armistício, tentando cruzar o Canal Sambre-Oise. Mas a citação que me condecorou menciona meu notável heroísmo quando capturei uma metralhadora do inimigo, infligindo a ele pesadas perdas. Triste sina a minha: matei seres anônimos, mas em compensação, também não sei quem me matou.

Ao escrever uma "Elegia para uma juventude condenada", acho que estava pré-monitorando minha morte:

> *Que tipo de dobre de finados para os que morrem como gado?*
> *Só a raiva monstruosa das armas*
> *Só o rápido matraquear tartamudeante dos fuzis*
> *Pode apressar maquinalmente suas açodadas orações.*

d. "Estranho Encontro": uma Ode ao Soldado (des-) desconhecido

Minha morte prematura (?) não só reduziu minha produção poética, mas também atrapalhou a sua divulgação. Felizmente, ainda em vida, pude contar com padrinhos de peso como Tailhade e Sassoon e, após minha morte, com vários antologistas e críticos que reconheceram o caráter inovador de minha poesia centrada em pararrimas, ou seja, nas assonâncias e aliterações. Aos interessados, recomendo a edição *The Complete Poems and Fragments* (1994) por Jon Stallworthy. Lá, poderão encontrar aquela que é considerada minha obra-prima, um encontro no Inferno entre dois curiosos personagens; uma ode a um soldado (des)desconhecido: "Estranho encontro". Sei que, na tradição judaico-cristã, isso já ocorrera na Bíblia através de São Paulo, em Virgílio através de Eneias, e é claro, na *Divina Comédia* de Dante.

Alguns críticos sugerem também que eu tenha me inspirado em "The Revolt of Islam", de Shelley (Canto V, XIII), em que a primeira pessoa desperta entre "amigos e inimigos":

> *E um cuja lança me trespassara inclinou-se ao lado,*
> *com lábios trêmulos e olhos úmidos – e todos se*
> *pareciam como alguns irmãos que partiram em*
> *extensa viagem, e que agora, participaram de um estranho encontro*
> *numa terra estranha, com outro a quem poderíamos chamar de*
> *amigo, chefe, pai, em função da demonstração de*
> *perigo, que os salvara da escravidão da Morte agora sofrida.*
> *Assim, a vasta disposição daquelas mãos fraternais se reconciliaram*
> *aquele dia.*

Não vou agora apresentar-lhes o meu "*Strange Meeting*", pois ele já foi traduzido em várias línguas, inclusive, pelo que me consta, por um psicanalista brasileiro.

e. O "estranho encontro" entre o fantasma de Wilfred Bion e a alma de Wilfred Owen

F: Caro amigo, eu sou aquele que, em vida, não lhe conheci em função de um "estranho desencontro". Senão, vejamos: pertencíamos à mesma nacionalidade, fomos contemporâneos na mesma guerra, de onde emergimos como heróis e com o espírito esmagado e, *last* *but not least*, compartilhamos o mesmo santo padroeiro, S. Wilfrid de Hexham.

A: Eu também lamento nunca ter encontrado em sua extensa obra qualquer menção à minha poesia, bem você que citava extensamente os poetas e que, inclusive, chegou a iniciar a feitura de uma antologia poética para psicanalistas. É verdade que você, sua esposa Francesca e sua filha Parthenope chegaram a evocar meu grande patrono, Siegfried Sassoon, cuja poesia os críticos lisonjeiramente colocam num patamar abaixo da minha.

F: Felizmente, "não há bem que nunca termine, nem omissão que nunca acabe", e, tão logo aqui chegado, fui informado da sua pré-existência e pude saciar minha curiosidade com uma leitura em diagonal de sua não tão extensa, mas preciosa obra.

A: Modestamente, acho que você vai gostar dela. Em primeiro lugar, influenciado pelo realismo de Sassoon, passei a adotar o seu "escrever a partir da experiência", que casa magnificamente com o tão propalado "aprender com a experiência", vosso conceito quanto à espinha dorsal do desenvolvimento emocional. Depois, talvez, influenciado por Keats, como você, coloquei a consternação (*pity*) e a verdade (*truth*) como símbolos centrais de minha bandeira.

F: De fato, eu reputo o contato com a verdade como fundamental para a saúde psíquica, tanto quanto a estética da sua administração: ela precisa ser administrada em doses homeopáticas, e ninguém fazia isso melhor do que Keats. Por isso, seu aforismo: "A verdade é bela e a beleza, verdadeira".

A: Eu fico me perguntando como me deixei entregar à "extensão universal da fealdade na qual uma guerra nos mergulha", como expressei em uma carta à minha mãe. É duro admitir, mas acho que fiquei fascinado com a frase edulcorada da ode de Horácio "É doce e decente morrer pela pátria". Você foi mais feliz na escolha de outra ode dele, na qual se lamenta aqueles heróis que não tiveram a sorte de Agamenon de encontrar um poeta para cantar suas glórias.

F: Pensando bem, eu entrei nessa fria pela influência decisiva de três personagens que me levaram ao alistamento: meu pai, com suas aspirações patrióticas, Lord Kitchener, com sua convocação intimidatória, e John Nicholson, com seu exemplo carismático – o general-brigadeiro, em 1857, controlou a sedição do "Motim Indiano". Um condensado destas figuras superegoicas ficou encarnado na imagem de uma ave gigantesca de asas negras, o "*Arf Arfer*", que passou a povoar meus pesadelos.

A: Num de meus primeiros poemas, precisei cantar a sina dos jovens soldados condenados a morrer inocentes em favor da Inglaterra, "Terra de ninguém que, soterrada pela neve, é como a casa da lua, caótica, dominada por crateras, inabitável, horrível, a mansão da loucura", como expressei numa carta em janeiro de 1917. Você, na esteira de sua "linguagem certeira", foi mais lacônico chamando-a de "aquela puta velha".

F: É verdade. Apesar da linguagem ter suas limitações, equiparadas por T. S. Eliot a um "pecado natural", nós psicanalistas não podemos prescindir dela e, por isso, temos de escolher as palavras com precisão. Aliás, numa rápida avaliação, constatei que nossos léxicos incluem várias palavras em comum: embotamento, insensibilidade, destruição, futilidade, consternação, pesadelo, sombras purgatoriais, lufadas enlouquecidas, e assim por diante.

A: Então, mesmo sem ter qualquer conhecimento sobre psicanálise, minha impressão é que a expressividade poética, com seus ritmos e harmonias, com suas metáforas e metonímias, é muito próxima das intervenções requeridas de um psicanalista. Sempre deparei com o dilema de tentar entender quando é que a imagem esgota sua expressividade e, com certa irritação, tenta apelar à palavra.

Quem mais me ajudou nesta questão foi Keats, com seu conceito de "capacidade negativa".

F: Sou fã desse conceito e de sua contraparte que descobri em minha clínica: a "curiosidade intrusiva". Estendi também a ideia da negatividade para os vínculos básicos de Amor, Ódio e Conhecimento: por menos Amor entende-se algo próximo do narcisismo, por menos Ódio algo próximo da hipocrisia, e por menos Conhecimento, algo próximo da onipotência. Mas eu acho que nada disso importa muito numa guerra; ali, é preciso reconhecer que o terror é a origem primordial da mente, como já intuído por Wordsworth: "Minha alma teve um belo período de incubação e eu cresci/ Alimentado tanto por beleza como por medo".

A: Mais que medo, eu diria pavor. Numa de minhas poesias tentei expressar o pavor de se morrer asfixiado com um gás letal: "[Os homens] cambaleavam, calçando sangue/ Todos claudicando; todos cegos;/ ébrios de fadiga; surdos até aos silvos/ das bombas de gás que caíam suaves na retaguarda./ . . . Em todos meus sonhos, diante de minha infeliz visão/ Ele mergulha em mim, pingando, engasgando, afogando-se". Sorte dos estadunidenses que, ao chegar ao Iraque, descobriram que as armas químicas de Saddam Hussein eram um blefe.

F: Epa! Espera aí! Isso foi décadas depois.

A: Ué, não foi você que inventou uma tal de "memória do futuro"? Aliás, eu sempre suspeitei que esta visão prospectiva já estava embutida no estado de "transumanação", proposto por Dante. Mas, por falar no seu livro *Uma memória do futuro*, você bem podia ter introduzido ali o personagem "Poeta de Guerra", uma categoria de poetas tão verdadeira quanto qualquer outra. Eu, por exemplo, em 1918 aluguei uma casa sem janelas em Borrage Lane e me tranquei lá para escrever meus melhores poemas, ressoando o olho interior e as "emoções relembradas em tranquilidade" de Wordsworth.

F: Eu acho muito pouco provável que nos meus 61 anos de vida de fantasma eu não tenha lido sua obra-prima "Strange Meeting", pois com certeza ela teria me ajudado em meu esforço perene de exorcizar minha condição. O seu poema é brilhante ao construir dantescamente a busca desesperada do direito legítimo de quem foi morto na guerra de saber quem o matou: é a chance do soldado de deixar de ser desconhecido. Difícil não nos emocionarmos com o seu clímax, talvez a mais bela anagnórise que vivenciei: "Meu amigo, eu sou o inimigo que você matou!".

O terrível numa guerra não é somente a futilidade do morticínio, mas também a casualidade de que, em geral, se mata e se morre anonimamente. Eu me lembro bem da minha "satisfação" um dia em que saí de uma trincheira e comecei a receber tiros de fuzil: me senti pessoal e intimamente visado. Era estranho: eu não tinha a menor ideia da localização daquele atirador de elite, mas, pela primeira vez na guerra, me vi diretamente envolvido com uma pessoa que se ocupava de me matar pessoalmente.

Brecht, na sua "Cartilha de Guerra Alemã" (1998, p. 50), nos apresenta uma foto da Segunda Guerra Mundial em que um soldado estadunidense olha distraidamente para o corpo do soldado japonês que acabara de matar, fumando aquele cigarro protocolar que costuma coroar alguma atividade prazerosa ou perigosa. No seu relato, publicado pela imprensa, ambos tinham se encontrado acidentalmente num caminho e ele, simplesmente, fora mais rápido no gatilho...

No meu livro, ao falar do passado presentificado, também me refiro a alguns "estranhos encontros": por exemplo, quando PA (um dos disfarces sob o qual me apresento) se oferece para comprar os pesadelos de Roland; quando descrevo o encontro perigoso entre os estágios pré-natal e pós-natal do psiquismo: quando Roland se encontra com sua ideia fetal prestes a matar a si mesma, ou a ser morta; ou quando PA abre mão de sua "mente blindada" e de sua "fantasia de herói" para conversar com seu fantasma que "nascera" na Batalha de English Farm, passando a viver como uma sombra purgatorial.

Em seu poema onírico há um aparente paradoxo, já que o apelativo "amigo" aproxima os "inimigos", na medida em que ambos são passíveis de viverem o mesmo pesadelo. Mas, também, poderíamos pensar que o estranho possa ser o duplo guerreiro do poeta, e que o estranho encontro se dê com um aspecto inesperado de si mesmo, como quando Freud se assustou com sua própria imagem refletida na porta do trem. O *Unheimliche*, como sabemos, está sempre espreitando o humano...

A questão é como cada um de nós vai conseguir exorcizar as mudanças catastróficas indescritíveis que a guerra nos reserva, tornando-as descritíveis por meio de uma forma artística. Uma ajuda palpável seria conseguirmos sonhar as catástrofes em vez de admiti-las como pesadelos. Um dia, durante a guerra, tive um sonho terrível: o sonho era cinza e amorfo; eu me sentia siderado por horror e pavor. Não conseguia gritar, parecia que tinha despertado para os terrores relativamente benignos da guerra real. Porém, por um momento desejei que aquilo fosse somente um sonho: no sonho, devo ter desejado que fosse somente uma guerra.

A moral da história, como registrei ao final da minha autobiografia *The Long Week-End*, é a seguinte:

> *E as coisas continuaram como sempre foram. Eu e os poucos companheiros que sobrevivemos, apesar de não nos darmos conta, éramos homens que, em poucos anos, passamos da insignificância para a irrelevância. Ninguém podia explicar que, se o Império Britânico não compartilha o mesmo destino, isso se deve a uns poucos*

> *poetas. Mas o que os poetas podem fazer contra a fissão nuclear, ou, ainda mais potente, contra algum germe sendo cuidadosamente cultivado e nutrido por biólogos de maravilhosas habilidades e premonições – como é o caso daquele sagaz animal inventor de ferramentas, o homem? (Bion, 1982, p. 287)*

Mas agora durmamos...

5. Jorge Semprún

Busco a região crucial da alma
onde o mal absoluto opõe-se à fraternidade.
André Malraux

Nascido em Madri em 1923, filho de um diplomata e aficionado pelo comunismo, Jorge Semprún exilou-se em Paris para estudar filosofia, mas, quando da invasão de Hitler, foi preso pela Gestapo por ser comunista e membro da resistência, sendo enviado ao campo de concentração de Buchenwald, onde, durante dois anos, sofreu a fome constante, os trabalhos forçados, a privação do sono, o frio brutal e as humilhações e espancamentos dos guardas da SS.

Conseguiu sobreviver graças à sua condição intelectual, que lhe granjeou um posto secretarial que funcionou até abril de 1945, quando o campo foi libertado pelas tropas do general Patton. Se por um lado isso marcava o fim de um pesadelo, por outro, lançou-o num dilema inesperado: como exorcizar a experiência do mal absoluto que o impregnara visceralmente, seja pelo cheiro adocicado da carne humana queimada, da fumaça sinistra do forno crematório afugentando os pássaros, seja pela visão dos corpos em decomposição, compondo um cenário horripilante?

Aos 22 anos, sentiu-se impotente para começar a destilar esta experiência intransmissível e, entre assustado e perplexo, retornou a Paris, optando por um silêncio de cautela que logo se tornou silêncio de sobrevivência. Nas vésperas da libertação, numa conversa entre colegas, expressou sua convicção sobre a precariedade de um relato realista, mas também suas esperanças de que algum êxito poderia ser conseguido com a ajuda de construções ficcionais, antecipando algo sugerido décadas depois pelo próprio Bion: "Disfarçada de ficção, a verdade às vezes se infiltra!". Ouçamos o próprio Semprún (1995):

> *Sinto uma dúvida sobre a possibilidade de contar o ocorrido: não que a experiência tenha sido indizível, ela foi invivível. Não se trata da forma de um relato possível, mas de sua substância, não de sua articulação, mas de sua densidade: só alcançaram esta densidade transparente os que souberem fazer de seu testemunho um objeto artístico, um espaço de criação. Só o artifício de um relato que se possa controlar conseguirá transmitir parcialmente a verdade. Sempre se pode dizer tudo, mas pode-se tudo ouvir, tudo imaginar? Terão eles a paciência, a paixão, a compaixão, o rigor necessário? (p. 22)*

Décadas depois, na Fundação Maeght em Saint-Paul-de-Vence, ao se sentir inundado pela emoção retrospectiva não só estética, mas moral, que em qualquer lugar provocaria a contemplação dos passantes de Giacometti, nodosos, com o olhar indiferente erguido para céus indecisos, infinitos, deambulando num passo incansável, vertiginosamente imóvel, rumo a um futuro incerto, sem outra perspectiva ou profundidade que não a criada por seu próprio andar cego, mas obstinados, concluiu Semprún (1995): "Insidiosamente eles me trariam à lembrança, em qualquer circunstância, mesmo a mais alegre, a recordação das silhuetas de outrora, em Buchenwald" (p. 52).

As lições aprendidas com o sofrimento, no entanto, são inesperadas e profundas, como a redescoberta do seu corpo quando, aos 19 anos em Auxerre, num casarão da Gestapo, ao ser ignobilmente torturado, descobriu o orgulho indecente de fazer o corpo resistir à tortura:

> *De súbito, meu corpo tornou-se problemático, soltou-se de mim, viveu desta separação, para si, contra mim, na agonia da dor. Os sujeitos de Haas, o chefe da Gestapo local, suspendiam-me no alto pelos braços esticados para trás, mãos algemadas às costas. Mergulhavam-me a cabeça na água da banheira, deliberadamente suja com detritos e excrementos.*
>
> *Meu corpo sufocava, enlouquecia, pedia por favor, ignóbil. Meu corpo afirmava-se numa insurreição visceral que pretendia me negar enquanto ser moral. Pedia-me que capitulasse diante da tortura, exigia-o. Para sair vencedor desse embate com meu corpo, eu precisava subjugá-lo, dominá-lo, abandonando-o aos horrores da dor e da humilhação.*
>
> *Mas era uma vitória a cada minuto questionada e que, além disso, me mutilava, fazendo-me odiar uma parte essencial de mim mesmo, que até então eu vivenciara na indiferença e na felicidade física.*
>
> *Entretanto, cada dia de silêncio ganho contra a Gestapo, ainda que afastasse meu corpo de mim, carcaça ofegante, aproximava-se de mim mesmo. Da surpreendente firmeza*

> *de mim mesmo: orgulho inquietante, quase indecente, de ser homem dessa forma desumana. (pp. 112-113)*

Em contraposição, no dia 8 de maio de 1945, já em Paris, num dia de sol esplendoroso, ao pegar o metrô, o destino lhe propiciou um encontro marcante com a bondade humana:

> *Recordo-me de uma mulher de cabelos grisalhos, rosto ainda esticado e juvenil, que pegou o metrô na estação Raspail. Recordo-me que um alvoroço entre os passageiros empurrou-a para perto de mim. Recordo-me que de súbito ela reparou na minha roupa, no meu cabelo rente, que buscou o meu olhar. Recordo-me que sua boca começou a tremer, que seus olhos se encheram de lágrimas. Recordo-me que ficamos muito tempo frente a frente, sem trocar uma palavra, numa inimaginável proximidade um do outro. Recordo-me que me lembrarei por toda a minha vida desse rosto de mulher. Lembrarei de sua beleza, da sua compaixão, da sua dor, da proximidade de sua alma. (p. 115)*

O poder regenerador da escrita, visando atingir um outro que possa amorosamente acolhê-la, fica ilustrado por um momento de amor vivido com uma mulher após uma noite dançante num pub de jazz. No meio da noite, ele acorda assustado:

> *Mas o despertar não me acalmou, não suprimiu a angústia, muito pelo contrário. Aprofundou-a, transformando-a também, pois a volta ao estado de vigília, ao sonho da vida, era aterrorizante em si mesma. Que a vida fosse*

> *um sonho, depois da realidade cintilante do campo, é que era aterrorizante.*
>
> *O corpo de Odile oferecia-se a meu olhar na plenitude lânguida do repouso. Mas a certeza tranquilizadora da sua beleza não me distrairia de minha dor. Nada a não ser a morte, evidentemente. Não a lembrança da morte, da vivência que dela eu tinha: a experiência de avançar para ela junto com os outros, os meus, dividi-la com eles fraternalmente. De ser para a morte, junto com os outros – os companheiros, meus semelhantes, meus irmãos –, o outro, o próximo.*
>
> *Só a morte voluntária, deliberada, poderia me desviar de minha dor, livrar-me dela. (pp. 154-155)*

Semprún nos relata quão aterrorizante era suportar "o sonho da vida", algo que conseguiu superar não só por meio da escrita, mas também por ser um homem glamoroso e sedutor: Primo Levi, como veremos a seguir, sufocado por uma alma atormentada, foi tragado pelo suicídio.

6. Primo Levi: a dor de ter sido um homem

Uma parte da nossa existência está
nas almas de quem se aproxima de nós;
por isso, não é humana a experiência
de quem viveu dias nos quais o homem foi
apenas uma coisa, ante os olhos de outro homem.

Primo Levi

Em 1958, Primo Levi escreveu talvez seu livro mais pungente sobre sua sobrevivência ao Holocausto, *É isto um homem?*, ressalvando de saída não pretender fazer novas denúncias, mas "fornecer documentos para um sereno estudo de certos aspectos da alma humana" (Levi, 1988, p. 7). Como intenção e concepção, o livro já nasceu durante seu confinamento num campo terrível de extermínio, Auschwitz, pela necessidade de contar "aos outros", de tornar "os outros" participantes de um sofrimento inenarrável que demandava uma liberação interior.

Logo no início, somos apresentados à radiografia da aniquilação da dignidade humana:

> *Imagine-se, agora, um homem privado não apenas dos seres queridos, mas de sua casa, seus hábitos, sua roupa, tudo, enfim, rigorosamente tudo que possuía; ele será um ser vazio, reduzido a puro sofrimento e carência, esquecido de dignidade e discernimento – pois quem perde tudo, muitas vezes perde também a si mesmo; transformado em algo tão miserável, que facilmente se decidirá sobre sua vida e sua morte, sem qualquer sentimento de afinidade humana, na melhor das hipóteses considerando puros critérios de conveniência. Ficará claro, então, o duplo significado da expressão "Campo de extermínio", bem como o que desejo expressar quando digo: chegar no fundo. (Levi, 1988, p. 33)*

A degradação da dignidade instala de imediato um cenário de disputas instintivas, de persecutoriedades inesperadas, de amizades estratégicas, mas frágeis, de egoísmos defensivos, de sofrimentos inauditos e desconhecidos escassamente aliviados por gestos fortuitos de empatia, solidariedade, e mais raramente, até de certa amizade. Um bom exemplo deste quadro é sua descrição do pandemônio que se instala nos dormitórios quando do toque lancinante da alvorada:

> *O bloco inteiro estremece desde os alicerces, acendem-se as luzes, todos ao redor de mim agitam-se numa repentina, frenética, atividade: sacodem os cobertores, levantando nuvens de fétido pó, vestem-se com pressa febril, correm para fora, no ar gelado, ainda meio nus, precipitam-se rumo às latrinas e aos lavatórios; muitos, como bichos, urinam enquanto correm, para poupar tempo, porque dentro de cinco minutos começa a distribuição do pão – do pão,* Brot, Broit, chleb, pain, lechem, kenyér –, *do*

> *sagrado tijolinho cinzento, que parece gigantesco na mão do teu vizinho e, na tua, pequeno de fazer chorar. É uma alucinação cotidiana, à qual a gente acaba se acostumando, mas nos primeiros tempos ela é irresistível, a um ponto tal que muitos de nós, depois de discutir um bocado uns com os outros, lamentando o próprio evidente e constante azar e a sorte descarada dos outros, trocam as rações, por fim, e então a ilusão recomeça, ao contrário, deixando desiludidos e frustrados a todos. (Levi, 1988, p. 51)*

Eis instalado não o pão nosso, mas a "alucinação nossa de cada dia".

O amálgama entre os sofrimentos corporais e o turbilhão de traumas emocionais cria categorias peculiares de dor, a serem designadas com palavras que, frequentemente, disfarçam seu caráter maldoso:

> *Quando se trabalha, se sofre, não há tempo de pensar; nossos lares são menos que uma lembrança. Aqui, porém, o tempo é nosso; de beliche para beliche, apesar da proibição, nos visitamos e falamos, falamos. O Bloco de madeira, apinhado de humanidade sofredora, está cheio de palavras, de lembranças e de uma dor diferente.* Heimweh, *chama-se em alemão essa dor. É uma palavra bonita; significa "dor do lar".*
>
> *Sabemos de onde viemos; as lembranças do mundo de fora povoam nossos sonhos e nossas vigílias; percebemos com assombro que não esquecemos nada; cada lembrança evocada renasce à nossa frente, dolorosamente nítida. (Levi, 1988, p. 77)*

Os sofrimentos do dia, feitos de fome, pancadas, frio, cansaço, medo e promiscuidade, transformam-se, à noite, em pesadelos de inaudita violência que causam despertares aterrorizados, sob a impressão de uma ordem berrada por uma voz furiosa, numa língua incompreensível. Na calada soturna da noite, aquelas almas exauridas acabam sendo visitadas por sonhos torturantes:

> *Muitos estalam os lábios e mexem os maxilares. Sonham que comem; esse também é um sonho de todos, um sonho cruel; quem criou o mito de Tântalo devia conhecê-lo. Não apenas se vê a comida; sente-se na mão, clara, concreta; percebe-se seu cheiro, gordo e penetrante; aproximam-na de nós, até tocar nossos lábios. (Levi, 1988, p. 86)*

Nunca, talvez, o homem tenha sentido a verdade cruel de que a vida não é para "amadores" e, por isso, as exceções impressionam:

> *Alberto é meu melhor amigo. Tem apenas 22 anos, mas entrou no Campo de cabeça erguida e vive ileso, íntegro, graças à sua inteligência e intuição: raciocina e acerta, mas, às vezes, não raciocina e acerta também. "Sabe" quem subornar, quem evitar, quem poderá comover-se à compaixão, a quem se deve resistir. É o símbolo raro do homem forte e bom, contra o qual nada podem as armas da noite. (Levi, 1988, p. 80)*

Em resumo, o vivente "profissional" não se entrega à dor e sobrevive às "armas da noite civilizatória". Quando Levi, um intelectual de alma delicada se vê obrigado a descarregar de um vagão um enorme cilindro de ferro fundido junto com um colega, sua vivência chegando no destino é de total prostração: "Fiquei imóvel, os olhos vazios, a boca aberta, os braços pendentes, absorto no êxtase efêmero e negativo da cessação da dor" (Levi, 1988, p. 96).

Os campos de extermínio nazistas criaram um laboratório tenebroso para confirmação da sobrevivência darwiniana do mais apto:

> *No Campo, porém, acontece o contrário. Aqui a luta pela sobrevivência é sem remissão, porque cada qual está só, desesperadamente, cruelmente só. Se um* Null Achtzehn *vacila, não encontrará quem lhe dê uma ajuda, e sim quem o derrube de uma vez, porque ninguém tem interesse em que um "muçulmano" a mais se arraste a cada dia até o trabalho; e se alguém, por um milagre de sobre-humana paciência e astúcia, encontrar um novo jeito para escapar ao trabalho mais pesado, uma nova arte que lhe propicie uns gramas de pão a mais, procurará guardar em segredo, e por isso será apreciado e respeitado, e disso tirará uma própria, exclusiva, pessoal vantagem; ficará mais forte, e portanto será temido, e quem é temido é, só por isso, candidato à sobrevivência. [Nota: a palavra* "muselmann" *designava os fracos, os ineptos, aqueles destinados a serem selecionados à cremação pelos veteranos do Campo.] (Levi, 1988, p. 129)*

Criam-se, assim, duas categorias de homens: a dos que se salvam e a dos que sucumbem. O protótipo dos primeiros, na vertente corrompida, foram os membros dos *Sonderkomand*, os judeus encarregados de ser capatazes de seus conterrâneos no dia a dia, bem como de executar as cremações: um caso exemplar daquilo descrito pela psicanálise como "identificação com o agressor". Esses judeus, também conhecidos como "proeminentes", receberam de Levi uma magnífica descrição "psicossociológica":

> *Os "proeminentes" judeus constituem um triste e notável fenômeno humano. Convergem neles os sofrimentos*

> *presentes, passados e atávicos e a hostilidade ao estrangeiro, assimilada por tradição e educação, para fazerem deles monstros de insociabilidade e insensibilidade.*
>
> *São o típico produto da estrutura do Campo de Concentração alemão: basta oferecer a alguns indivíduos em estado de escravidão uma situação privilegiada, certo conforto e uma boa probabilidade de sobrevivência, exigindo em troca a traição da natural solidariedade com os companheiros, e haverá por certo quem aceite. Ele será subtraído à lei comum e se tornará intangível; será, então, tanto mais odioso e odiado quanto maior for o poder a ele concedido. Quando lhe for confiado o comando de um grupo de infelizes, com direito de vida e morte sobre eles, será cruel e tirânico, bem sabendo que, se não o for bastante, outro, julgado mais idôneo, tomará seu lugar. Acontecerá, ainda, que a sua capacidade de odiar, frustrada frente aos opressores, se volte, insensatamente, contra os oprimidos; ele ficará satisfeito ao descarregar sobre seus subordinados a ofensa que recebeu de seus chefes. (Levi, 1988, pp. 133-134)*

Sua descrição dos "não homens" condenados à câmara de gás não é menos acurada:

> *A história – ou melhor, a não-história – de todos os "muçulmanos" que vão para o gás, é sempre a mesma: simplesmente, acompanharam a descida até o fim, como os arroios que vão até o mar. Uma vez dentro do Campo, ou por causa da sua intrínseca incapacidade, ou por um banal acidente qualquer, ou por azar, eles foram*

> *esmagados antes de conseguir adaptar-se; ficaram para trás, nem começaram a aprender o alemão e a perceber alguma coisa no emaranhado infernal de leis e proibições, a não ser quando o seu corpo já desmoronara e nada mais poderia salvá-los da seleção ou da morte por esgotamento. A sua vida é curta, mas seu número é imenso; são eles, os "muçulmanos", os submersos, são eles a força do Campo: a multidão anônima, continuamente renovada e sempre igual, dos não-homens que marcham e se esforçam em silêncio; já se apagou neles a centelha divina, já estão vazios, que nem podem realmente sofrer. Hesita-se em chamá-los vivos; hesita-se em chamar "morte" à sua morte, que eles já nem temem, porque estão esgotados demais para poder compreendê-la. Eles povoam minha memória com sua presença sem rosto, e se eu pudesse concentrar numa imagem todo mal de nosso tempo, escolheria esta imagem que me é familiar: um homem macilento, cabisbaixo, de ombros curvados, em cujo rosto, e em cujo olhar, não se possa ler o menor pensamento. (Levi, 1988, pp. 131-132)*

Em termos cruamente realistas, a maneira "digna" de fugir da destruição naquele inferno, como já vimos no caso de Alberto, resumia-se então a três métodos: o "jeitinho", a compaixão e o roubo.

Como pano de fundo para este pesadelo existencial, a temporalidade no campo parecia evaporar-se ao sabor de uma esterilidade estagnada que dissolvia qualquer perspectiva futura, gerando uma dor retrógrada, a "dor do refluxo temporal":

> *Para os homens vivos, as unidades de tempo sempre têm um valor, tanto maior quanto maiores são os recursos*

> *interiores de quem as percorre, mas, para nós, horas, dias, meses fluíam lentos do futuro para o passado, sempre lentos demais, matéria vil e supérflua de que tratávamos de nos livrar depressa. Acabara o tempo no qual os dias seguiam-se ativos preciosos e irreparáveis; o futuro estava à nossa frente cinzento e informe, como uma barreira intransponível. Para nós, a história tinha parado. (Levi, 1988, pp. 172-173)*

Paralelamente a isso, outra configuração vai sorrateiramente se formando: uma espécie de "buraco negro da estupefação" gerado pela evaporação das reações naturais à degradação, pelo desespero e pela resignação.

Quando a libertação se aproximava, evidenciada pela proximidade dos avanços e bombardeios das forças aliadas, os poucos sobreviventes que restaram passaram a se aproveitar do pânico que se instalou entre os nazistas e, mesmo correndo riscos, iam em busca de comida e até de armas, não por ressurgência da coragem, mas pelo "torpor dos animais de carga que já não sentem mais a dor das pancadas", nas palavras melancólicas de Levi.

Quarenta anos após *É isto um homem?*, Levi escreveu *Os que sucumbem e os que se salvam*, para relatar, em essência, a concretização do pesadelo comum vivido pelos sobreviventes nas noites de cativeiro:

> *Quase todos os sobreviventes, de viva voz ou nas suas memórias escritas, recordam um sonho que se repetia com frequência nas noites de cativeiro, variado nos pormenores, mas único nas substâncias de terem tornado a casa, de contarem com paixão e alívio os seus sofrimentos passados dirigindo-se a uma pessoa querida, e não*

> *serem acreditados, ou melhor, nem sequer serem ouvidos. Na forma mais típica (e mais cruel), o interlocutor virava as costas e ia-se embora em silêncio.* (Levi, 2008, p. 8)

Infelizmente, vê-se que ele tinha consciência de ser um "sucumbido", que estava só esperando terminar sua "missão" de garantir viva a memória do Holocausto, para poder morrer em paz. Num excelente resumo das lembranças dolorosas vivenciadas por opressor e oprimido, ele relata os esforços de ambas as "vítimas" para lidar com seus fantasmas:

> *Tenho a intenção de examinar aqui as recordações de experiências extremas, de ofensas sofridas ou infligidas. Neste caso atuam todos, ou quase todos os fatores que podem obliterar ou deformar o registro mnemônico: a lembrança de um trauma, padecido ou infligido, é já traumática em si, porque tornar a evocá-lo é doloroso ou pelo menos incômodo: quem é ferido tende a recalcar a lembrança para não renovar a dor; quem feriu mergulha esta lembrança bem no fundo, para se livrar dela, atenuando seu sentimento de culpa. Aqui, tal como em outros fenômenos, encontramo-nos perante uma paradoxal analogia entre vítima e opressor, e temos de ser claros: caíram os dois na mesma armadilha, mas é o opressor, e só ele, que a preparou e fez funcionar, e se sofre com isso, é justo que sofra; seria iníquo que fosse a vítima a sofrê-lo, como afinal sofre, mesmo a decênios de distância. Mas, nesta visão, não queremos confusões, freudismos superficiais, nem morbidez ou indulgência. O opressor não deixa de o ser, o mesmo sucedendo com a vítima: não são intercambiáveis, o primeiro deve ser punido e*

> *execrado (mas também, se possível, compreendido), e a segunda deve ser compadecida e auxiliada; mas ambos, diante da indecência do fato que foi irrevogavelmente cometido, têm necessidade de refúgio e de defesa, frequentemente por toda a sua vida. (Levi, 2008, pp. 20-21)*

Neste trecho, Levi expressa uma crítica mordaz a interpretações psicanalíticas banais, deixando entrever que os únicos depoimentos legítimos seriam aqueles dos que viveram os traumas indecentes na própria pele. Mesmo não sendo psicanalista, um espírito sensível como o de Primo Levi captou intuitivamente a falácia do argumento de muitos dos nazistas diante dos tribunais, alegando que estavam somente "cumprindo ordens". Seu contra-argumento é límpido e singelo: "A silenciosa passagem da mentira ao autoengano é útil – quem mente em boa-fé mente melhor, representa melhor o seu papel, mais facilmente acreditam nele o juiz, o historiador, o leitor, a mulher, e os filhos" (Levi, 2008, p. 23).

Na sua opinião, o maior crime do nacional-socialismo foi ter pervertido a alma dos oprimidos por meio da criação do corpo dos Sonderkommandos, os prisioneiros judeus encarregados de fazerem o "serviço sujo" com seus compatriotas, movidos por uma pérfida racionalização: "Nós, o Povo dos Senhores, somos os vossos destruidores, mas vós não sois melhores que nós; se quisermos, e vamos querer, somos capazes de destruir não só os vossos corpos, mas também as vossas almas, tal como destruímos as nossas" (Levi, 2008, p. 51). O caráter surreal desta história macabra acaba produzindo episódios inauditos, como aquele em que um amontoado de cadáveres de judeus é desembarcado de um trem, mas, de repente, os Sonderkommandos percebem a presença de uma garota viva, ficando atordoados, como descreveu Levi:

> *O fato foi excepcional e único: talvez os corpos humanos tenham feito uma barreira em volta dela, formando uma*

> *bolsa de ar que ficou respirável. Os homens ficaram perplexos: a morte é o seu ofício de cada hora, a morte é um hábito, visto que, precisamente, "uma pessoa ou enlouquece no primeiro dia ou acostuma-se" – mas aquela garota estava viva. Então, a esconderam, aqueceram, deram-lhe um caldo de carne. De repente, estes escravos embrutecidos pelo álcool e pela matança cotidiana estão transformados: diante deles já não está a massa anônima, o rio de gente apavorada, atônita, que desce dos vagões – ali está uma pessoa. Paradoxalmente, a piedade e a brutalidade podem coexistir no mesmo indivíduo e no mesmo momento, contra toda a lógica: e de resto, a própria piedade escapa à lógica. Não existe proporcionalidade entre a piedade que sentimos e a extensão da dor pela qual é suscitada a piedade: uma única Anne Frank desperta mais comoção que as miríades que sofreram como ela, mas cuja imagem ficou na sombra. (Levi, 2008, pp. 53-54)*

Ou, se optarmos por um vértice teológico-existencial, a aposta de Levi recai na ideia de que o sofrimento no *Lager* (a denominação nazista para os campos) transpirava:

> *Uma angústia atávica, que ressurge no segundo versículo do Gênesis: a angústia que Deus encontrou no caos primordial ao criar o mundo, um universo deserto e vazio do espírito do homem, ainda não nascido ou já apagado. . . . [Até os justos ali confinados,] nem mais nem menos numerosos que noutro grupo qualquer, sentiram remorso, vergonha, dor em suma, pela culpa que outros e não eles haviam cometido e em que se sentiram envolvidos, porque sentiam que tudo o que tinha acontecido à sua volta, e*

> *na sua presença, e neles próprios, era irrevogável. Nunca mais poderia ser lavado; demonstraria que o homem, o gênero humano, em resumo nós, éramos potencialmente capazes de construir um volume infinito de dor. E que a dor é a única força que se cria a partir do nada, sem custo e sem esforço: basta não ver, não ouvir, não fazer. (Levi, 2008, p. 85)*

Uma indagação ubíqua e recorrente em relação ao Holocausto é: como os judeus, o próprio povo alemão, e num certo sentido toda a humanidade, não perceberam os crimes hediondos que estavam acontecendo na multiplicidade dos *Lagers*? Levi invoca a seguinte hipótese:

> *Segundo o senso comum, a ser distinguido do "bom senso", o homem ameaçado provê, resiste ou foge; mas muitas ameaças naquele então, que hoje nos parecem evidentes, naquela altura eram veladas pela incredulidade desejada, pelo recalcamento, pelas verdades consolatórias generosamente confundidas e auto-catalíticas. (Levi, 2008, p. 165)*

Para finalizar este capítulo, transcrevo sua premonição de que dificilmente suportaria continuar vivendo com o tormento da degradação moral que o visitava a cada novo dia:

> *À saída da treva, sofria-se pela reaquisição da consciência de ter sido diminuído . . . . Tinham esquecido não só o nosso país e a nossa cultura, mas também a família, o passado e o futuro que tínhamos representado, porque, tal como os animais, estávamos restritos ao momento*

> *presente . . . Desta condição de abatimento só saíamos em raros intervalos, mas eram saídas dolorosas, justamente porque nos davam ocasião de medir de fora a nossa diminuição . . . Creio que é de fato a este virar-se para trás ao olhar "a água perigosa" que se devem os muitos casos de suicídio depois da libertação. Era sempre um momento crítico, que coincidia com uma vaga de arrependimento e depressão. . . . As culpas permanentes eram ecos de nosso martírio com a presença, ao nosso lado, de um camarada mais fraco, mais desprevenido, mais velho, ou mais jovem, que nos obcecavam com seus pedidos de ajuda, ou com o seu simples "existir", que já em si era uma súplica. O pedido de solidariedade, de uma palavra humana, de um conselho, mesmo só de atenção, era permanente e universal, mas raramente satisfeito. (Levi, 2008, pp. 74-77)*

Essas reflexões, como vimos, já prenunciavam a vivência de um suicida.

7. Uma matéria-prima misteriosa

Porém, o homem, o homem orgulhoso, investido
com uma curta e fraca autoridade,
ignorando completamente o que ele
melhor conhece, ou seja, sua
essência frágil como vidro, semelhante
a um símio colérico,
representa comédias tão grotescas diante do céu
que faria chorar os anjos ou, se tivessem
o temperamento de nossa
natureza, rir como os mortais!"

Shakespeare, *Medida por medida*
(ato II, cena 2, grifos meus)

Encontrei alguns grandes ancestrais, como Shakespeare e Dostoiévski, os autores desconhecidos do Mahabharata, Corneille, Chateaubriand, Balzac, Proust. Com eles aprendi o que, sem dúvida, já sabia: um personagem só consegue nos tocar, e tocar os outros, quando encontramos nele essa "essência de

> *vidro" de que fala Shakespeare e que nós chamamos de "vulnerabilidade". A fragilidade é nossa fonte escondida, o motor de toda emoção e de toda beleza. Devemos aceitá-la, reivindicá-la. Sejamos frágeis, porém, flexíveis, e calmos diante do desconhecido. Devemos preservar nossa fragilidade, assim como guardar o inútil. O inútil porque nos salva do simples cálculo produtivo, dono do mundo. O inútil nos permite uma evasão, é nossa saída de emergência. A fragilidade, porque ela nos aproxima uns dos outros, ao passo que a força nos afasta.*
>
> Carrière (2007)

Eis-nos, aqui, diante de um achado inesperado ao psicanalista: encontramos, finalmente, fora de nossa seara, um excepcional roteirista para o eu:

> *Nossas certezas se dispersam. Nosso próprio ego invisível e inatingível é provavelmente uma utopia, é um lugar sem lugar onde ventos opostos sopram inutilmente numa bruma que não se dissipa, à medida que passam os dias. Não podemos alcançá-lo. Também não podemos prever e preveni-lo. Ele é "ondulante e diverso". Somos capazes de tudo. Nós mesmos nos surpreendemos a toda hora, para o melhor e sobretudo para o pior. Dizemos, nos escutamos frequentemente dizer: "Nunca esperaria isso de mim". E é verdade. Estamos expostos, dia após dia, ao inacreditável. Resta-nos somente nossa fragilidade, único elemento durável, indiscutível, inseparável desse amálgama que nós somos. Gostaríamos de fazê-la calar, fazê-la fugir. Tudo nos remete a ela, só a ela. (Carrière, 2007, p. 114)*

Tivemos a sorte de Carrière (2007), antes de morrer em 2021, ter conseguido elaborar este inaudito roteiro de enorme importância para todo "cinéfilo freudiano", após ter assessorado cineastas do porte de Buñuel, Godard, Malle, Forman, Haneke, Wajda, Schlöndorff (parcerias que lhe valeram um Oscar Honorário em 2015), sem contar sua colaboração com o dramaturgo Peter Brook, a qual, após dez anos, gerou um filme antológico sobre a epopeia indiana do *Mahabharata*. Nas palavras de Fernando Trueba, ele "Era uma árvore imensa, que não deixava ninguém na sombra".

Logo de saída, somos advertidos de que o *leitmotiv* desse ensaio será explorar o papel da fragilidade humana na administração da alteridade, tentando explicitar os benefícios e malefícios daí advindos:

> *Os outros, que, contudo, são exatamente como nós, não devem suspeitar do que somos. Escondemo-nos dos olhos dos outros. Talvez a história das civilizações não seja senão uma série de tentativas, cada vez mais refinadas, de mascarar nosso verdadeiro rosto. De início, para escondê-lo de nós mesmos e, depois, dos que poderiam alimentar a vontade de nos atacar, de nos sujeitar, bem como a ideia absurda de nos decifrar, de nos revelar. Indivíduos e grupos: todos calam suas fraquezas, ou então as travestem sob aparências de força . . .*
>
> *A descoberta da superfície da Terra pode também ser vista como uma descoberta do sofrimento e da miséria dos outros. Nós nos juntamos na fragilidade . . .*
>
> *Toda aparência de grandeza, de duração, é um* trompe--l'oeil, *no qual frequentemente acreditamos, aqui e em outro lugar, quer se trate do vivo ou do inerte . . .*

> *Se um carro nos atropelar, não é ele que vai se arrebentar. Ele não corre o risco da morte, sua fragilidade não é da mesma natureza da fragilidade humana, a única que conduz ao que chamamos de morte. Assim, o vidro parece mais frágil do que nós. Mas nós não dizemos que um vaso de vidro pode morrer. Ele pode se quebrar, nós podemos quebrá-lo. É tudo. Contudo, ao cair, ele pode nos ferir gravemente. O frágil está em perigo, mas o frágil é perigoso.*
>
> *Isso vale para o vidro, mas para nós também. (Carriére, 2007, pp. 13-15)*

Um exemplo sempre atual desse paradoxo é encontrado na notável insensatez dos fundamentalismos que comandam os gestos terroristas:

> *Essa obediência a um comando doutrinal e, secretamente, a demonstração irrefutável de sua fraqueza íntima, da desordem de seu pensamento. Não só a morte é o único argumento que lhes resta, um argumento diante do qual qualquer discussão é impossível, como também a escolha do vidro quebrado mostra a fragilidade que se esconde sob a aparência de uma convicção inabalável. Fragilidade nascida de uma frustração ancestral, de preces que ficaram sem resposta, de uma desilusão terrestre, de uma incerteza a respeito de si mesmo.*
>
> *Nossa incoerência explode enquanto estouram nossos explosivos. (Carriére, 2007, p. 24)*

O auge da radicalidade configura o atentado suicida que, numa espécie de "aniquilação absoluta", elimina concomitantemente o eu e o outro:

> *Ele é o ato absoluto. O atentado suicida é simultaneamente o crime e o castigo. É o instante da mais profunda concentração do ser e da sua dispersão definitiva. É a prova evidente da nossa fragilidade, uma vez que nos dissolvemos dentro do ar inflamado. É também o instante em que a fragilidade se confunde com a derradeira firmeza. O indivíduo se torna ao mesmo tempo o objeto e o executor do sacrifício: quem tem algo melhor para contar? Ele conhece o fim de toda inquietação, de toda hesitação – como se fosse um vaso precioso de porcelana chinesa exposto aos olhares dentro de um salão, constantemente ameaçado pelos visitantes e dançarinos, que um dia, finalmente, se quebra com um quê de alívio, levando com ele uma tabaqueira antiga e dois cinzeiros. Ao menos temos o fim de sua angústia de porcelana. E a dona da casa, diante do estrago, dirá que se trata de um incidente bem lamentável. E talvez mande embora uma empregada de pele escura. (Carriére, 2007, p. 176)*

No outro polo, numa espécie de delírio paranoico, o eu imagina-se capaz de transfigurar o outro numa espécie de cobaia manipulável apta a ceder o seu ser a todo tipo de abuso e experimentação:

> *Posso também escapar de mim e começar a me imaginar na pele dos outros, graças aos outros. Tomo o lugar de quem eu quiser, onde quiser, quando quiser. Um enorme tesouro de possibilidades é posto à minha disposição pelos sonhadores milenares. Só preciso buscar e dizer a mim mesmo: como criatura débil e de vida curta, fui eu mesmo que inventei tudo isso. Ou melhor, mas vem a dar no mesmo: outros inventaram, mas são todos meus*

> *semelhantes. Juntos, fizemos de nossa fragilidade uma fonte infinita de lendas, de contos, de relatos apresentados como verdadeiros, viagens para onde bem quisemos. Inventamos personagens grandiosos que chamamos de heróis, que enfrentaram o duro destino em nosso lugar e nos quais não temos nenhuma dificuldade em nos reconhecer.*
>
> *Graças a todos os meus predecessores, habitei no prodígio, cavalguei a vassoura das feiticeiras, cantei com toda força da voz e dominei o trovão, dormi debaixo do gelo, durante os tempos de escuridão, atravessei o coração das fadas. Criei modelos de mim, colei-os sobre pedestais de mármore e passei a visitá-los nos meus museus. Mesmo que o resto do Universo nem repare, tenho alguma razão para me sentir orgulhoso. (Carriére, 2007, p. 88)*

Finalmente, Carrière dá um xeque-mate em nossas ilusões, ecoando a frustração do personagem de Julien Green, que, após imaginar-se possuidor da essência de um outro, constata, com enorme decepção, que é vítima das mesmas precariedades que ilusoriamente pretendia abolir:

> *Ocorre, porém, e mesmo com bastante frequência, que a desigualdade aparente de nossas condições nos engana sobre a identidade profunda de nosso estado. Adoraríamos deixar de ser o que somos para ser um Outro, ou uma Outra, que exibe a nossos olhos mais beleza, mais fortuna, mais saúde – esquecendo que, na nossa essência de vidro, somos todos semelhantes e que o Outro, o diferente de nós, não o é. (Carriére, 2007, p. 51)*

Em resumo, Carrière, confere à fragilidade o honroso epiteto de Mãe da Bondade:

> *Amemos o irregular, o inesperado, o inseguro, o ondulante, o flexível, o pretensamente frívolo. Avancemos sem temor pelos corredores do ambíguo. Apreciemos algumas vezes a ignorância e desconfiemos de todos os pregadores. A Verdade maiúscula é o paradigma das nossas ilusões. Só podemos pretender algumas pequenas verdades de passagem, rapidamente declaradas, sempre discutidas, frequentemente esquecidas.*
>
> *O inútil, é nossa saída de emergência e a Fragilidade, é a Mãe da Bondade. (Carriére, 2007, pp. 208-209)*

8. *De profundis*: quando a dor se sobrepõe à beleza

No dia 25 de maio de 1895, Oscar Fingal O'Flahertie Wills Wilde foi condenado a dois anos de trabalho forçado. Seu nome desapareceu do conhecimento dos homens; suas obras não podiam sequer ser mencionadas em sociedade. Nada ficou de seus dias de glória, luxo e elegância.

Os primeiros meses na prisão de Wandsworth foram tão difíceis que Wilde não se acreditava capaz de suportar os sofrimentos. A cama era uma prancha de madeira; a comida revoltava-lhe o estômago; as mãos finas e delicadas estavam agora feridas pelo trabalho. E o mais assustador era o silêncio insuportável, numa solidão que poderia arrastá-lo à loucura. No auge de seu sofrimento, expressou sua mágoa de modo pungente:

> *Que estreito, e maldoso, e impróprio a seus fardos é este nosso século! Pode oferecer ao Sucesso o seu Palácio de Porfírio, mas não tem, para a Dor e a Vergonha, sequer uma casa de verga onde possam esconder-se; tudo aquilo que pode fazer por mim é permitir-me alterar o meu nome*

> *para outro nome, quando até mesmo a Idade Média me teria dado o manto do monge ou o pano para cobrir a face do leproso, por trás dos quais eu pudesse estar em paz. (Wilde, 2004, p. 128)*

Wilde teve um nascimento infausto, já que sua mãe se recusou a ter um segundo menino, vestindo-o com roupas femininas e tratando-o como menina. Nos estudos, no entanto, sempre foi brilhante, tendo ganhado uma bolsa para o Magdalen College de Oxford, onde foi industriado por John Ruskin na arte do exibicionismo.

De fato, ele sempre impressionou a sociedade com sua farta cabeleira, suas roupas extravagantes e a ousadia de portar sempre na mão ou na lapela um lírio ou um girassol: influenciado por algumas figuras da intelectualidade, tornou-se um pagão sensual. Em 1884, conheceu em Dublin uma rica herdeira com quem se casou, tendo um filho (Cyril) que morreria em ação na Primeira Guerra Mundial, bem como uma filha (Vyvyan), que, 60 anos mais tarde, encarregar-se-ia da publicação de *De Profundis*.

A partir de 1889, influenciado por um colega de Oxford, iniciou suas "experiências homossexuais", que acabaram acarretando seu envolvimento com Lord Alfred Douglas, um jovem mimado e impertinente que foi o principal ator de sua desgraça, apesar de, posteriormente, ele ter reconhecido que sua displicência e sua promiscuidade emocionais também o prejudicaram.

O motivo de sua prisão foi uma ação que moveu contra o pai de Douglas, o Marquês de Queensberry, por tê-lo acusado de sodomita: num julgamento relâmpago, o juiz transformou-o em réu, condenando-o como um pária moral desvirtuador da juventude. Humilhado física e mentalmente, Wilde (2004) escreveu uma carta-libelo contra Alfred Douglas, na qual "defende-se e acusa, mas especialmente se confessa e revela de certo modo sua nova concepção de vida, quando dá à dor preponderância maior que à beleza, no destino e aperfeiçoamento do homem. É uma confissão e, ao mesmo tempo, um arrependimento (sob alguns aspectos) e um propósito. Sente-se mais cristão, embora nos apresente um Cristo que é mais um esteta do que um Deus" (Wilde, 2004, p. 14).

Atente-se que, malgrado essa carta ter se celebrizado como um documento de alto valor estético e humano, Wilde conseguiu a proeza de que ela nunca chegasse às mãos de seu destinatário, talvez por considerar que seu verdadeiro interlocutor fosse toda a humanidade. É nesse sentido que selecionei alguns trechos emocionantes para avaliarmos sua profundidade:

> *Caro Bosie,*
>
> *Depois de uma espera longa e infrutífera, decidi escrever-te, tanto por ti, como por mim, pois não gostaria de pensar que havia passado dois longos anos na prisão sem nunca ter recebido uma única linha tua, ou alguma notícia, nem sequer uma mensagem, exceto aquelas que me deram desgosto.*
>
> *A nossa malfadada e muito lamentável amizade terminou para mim em ruína e desonra pública, mas a memória do nosso antigo afeto está muitas vezes comigo, e o pensamento de que o ódio, a amargura e o desprezo possam para sempre ocupar no meu coração o lugar que era do amor, é para mim muito triste. . . .*
>
> *Não tenho dúvida de que nesta carta, na qual tenho de escrever sobre tua vida e a minha, sobre o passado e o futuro, de coisas doces tornadas amargas e coisas amargas que podem transformar-se em alegrias, haverá muito com que ferir profundamente a tua vaidade. Se for*

assim, lê a carta duas vezes, até ela matar sua vaidade. Se encontrar nela alguma coisa que te faça pensar que estás sendo de maneira injusta acusado, lembra-te de que nos devemos sentir agradecidos pelo fato de existirem coisas pelas quais possamos ser injustamente acusados. Se encontrar nela somente uma única passagem que te faça vir lágrimas nos olhos, chora como nós choramos na prisão, onde o dia, tal como a noite, é reservado às lágrimas. . . .

Lembra-te de que são muito diferentes o louco aos olhos dos deuses e o louco aos olhos dos homens . . . O verdadeiro louco, de quem os deuses parodiam ou que deformam, é aquele que não se conhece a si mesmo. . . . O soberano pecado é a vulgaridade. . . . Culpo-me de ter permitido que uma amizade não intelectual, uma amizade cuja primeira finalidade não era a criação e a contemplação de coisas belas, dominasse completamente a minha vida: mas, não eras capaz de compreender as condições exigidas para a produção de uma obra de arte. (Wilde, 2004, pp. 17-19)

Tu pedias sem graça e recebias sem gratidão . . . Tu esgotavas as pessoas. Era o triunfo da natureza menor sobre a maior. Era um exemplo daquela tirania dos fracos sobre os fortes, que em um momento, numa das minhas peças, descrevo como "a única tirania que dura". E era fatal.

Em todas as relações que na vida se mantêm com os outros, é imprescindível arranjar algum moyen de vivre: no teu caso, era indispensável conceder-te tudo ou desistir de você. Por causa do afeto profundo, embora deslocado, que tinha por você; por causa da minha grande piedade

> *por suas distorções de humor e temperamento; por causa do meu próprio proverbial bom feitio e preguiça céltica; por causa de uma aversão artística por cenas vulgares e palavras feias; por causa dessa incapacidade de guardar qualquer ressentimento que na altura me caracterizava; por causa do meu desejo de que a vida não se tornasse amarga e desagradável em razão daquilo que, com os olhos realmente fixos em outras coisas, me parecia serem meras insignificâncias, demasiado triviais para serem dignas de mais do que um momento de pensamento ou interesse – por estas razões, por muito simples que elas possam parecer, eu te concedia sempre tudo. Como resultado natural, as suas exigências, os teus esforços para dominar, as suas distorções tornaram-se cada vez mais absurdos. O teu menor desejo, o teu mais baixo apetite, a tua paixão mais vulgar, tornaram-se para ti leis pelas quais as vidas dos outros tinham de ser permanentemente reguladas, e pelas quais, se necessário, tinham de ser sacrificadas sem escrúpulos. Tendo tomado conta do meu humor, da minha força de vontade e da fortuna, exigia, na cegueira de uma ganância inesgotável a minha existência inteira. (Wilde, 2004, p. 24)*

A experiência do cárcere inspirou-o a conceituar aquilo que denominou "Sinfonia de Dor":

> *Mas nós, que vivemos na prisão, e em cujas vidas não há acontecimentos, mas solidão, temos que medir o tempo pelas pulsações da dor, e pela memória dos momentos amargos. Não temos mais nada em que pensar. O sofrimento – por muito curioso que te possa parecer – é o meio*

> *pelo qual existimos, porque é o único meio através do qual nos tornamos conscientes da existência; e a recordação do que sofremos no passado é para nós necessária como uma garantia, a evidência da nossa continuada identidade; entre mim e as memórias da felicidade há um abismo não menos profundo que aquele que existe entre mim e a felicidade real. Se a nossa vida em comum tivesse sido aquilo que o mundo pensava dela, uma vida de simples prazer, extravagância e riso, eu não seria capaz de recordar uma única passagem dessa vida. Foi por ela ter sido cheia de momentos e de dias trágicos, amargos, sinistros nos seus avisos, aborrecidos ou terríveis nas suas monótonas cenas e improváveis violências, que eu sou capaz de ver e ouvir cada um dos acontecimentos em detalhes, não sendo, na realidade, capaz de ver e ouvir muito mais. Neste lugar, os homens vivem de tal maneira da dor, que a minha amizade contigo, da maneira como me vejo forçado a recordá-la, me parece como um prefácio consonante com os vários graus de amargura que, cada dia, tenho de compreender; mais ainda, que tenho até de necessitar; como se a minha vida, independentemente daquilo que me tenha aparecido, a mim e aos outros, tivesse sido sempre uma Sinfonia de Dor, passando dos seus movimentos ritmicamente encadeados para a tua segura resolução, com aquela fatalidade que, em Arte, caracteriza o tratamento de todos os grandes temas. (Wilde, 2004, pp. 32-33)*

Numa passagem pungente, em que Wilde fica sabendo pelos jornais da morte do irmão mais velho de Douglas, somos apresentados às lágrimas da compaixão:

Na sexta-feira de manhã, sentado à mesa do almoço, abri por acaso o jornal e vi lá dentro um telegrama dizendo que o teu irmão mais velho, o verdadeiro cabeça da família, o herdeiro do título, o pilar da casa, tinha sido encontrado morto numa sarjeta, com a arma descarregada ao lado. O horror das circunstâncias da tragédia, que agora se sabe ter sido um acidente, mas que, naquela altura, estava maculada com uma sugestão mais negra; a comoção da morte súbita de uma pessoa tão amada por todos que a conheciam e quase na véspera do casamento; a minha ideia do que seria, ou do que iria ser a tua dor; a minha consciência do sofrimento que aguardava a tua mãe com a perda daquele em quem ela se apoiava em busca de conforto e alegria da vida, e que, como ela mesma me dissera uma vez, nunca lhe tinha dado razões, desde o dia do seu nascimento, para derramar uma única lágrima. A mera noção das lacrimae rerum, *ou seja, das lágrimas de que o mundo é feito e das tristezas de todas as coisas humanas – da confluência destes pensamentos e emoções que me acorriam ao cérebro, saiu uma ilimitada piedade por ti e por tua família. Esqueci as minhas próprias amarguras e desgostos provocados por você. A tua dor, que era verdadeira, pareceu-me trazer-te para mais perto de mim do que alguma vez possa ter estado. Os deuses são mesmo surpreendentes: não são somente os nossos vícios que eles usam como instrumentos para nos flagelar. Trazem-nos desventura por meio daquilo que há em nós de bom, gentil, humano, amoroso. Se não fosse pela minha piedade e afeto por você, e pelos seus, não estaria agora sofrendo neste terrível local. (Wilde, 2004, pp. 37-38)*

Num momento de desabafo, em relação a este "inimigo íntimo", Wilde arrisca um diagnóstico psicopatológico para Douglas digno de um sermão teológico:

> *Mas tu tens tido, tal como eu, uma terrível tragédia em tua vida, embora a tua seja de um caráter inteiramente oposto ao da minha. Quer mesmo saber qual é? É o seguinte: em ti, o ódio foi sempre mais forte do que o Amor. O teu ódio pelo teu pai era de tal maneira grande que excedia, vencia e ofuscava completamente o teu amor por mim. Não percebias que não há lugar para essas duas paixões na mesma alma. O amor é alimentado pela imaginação e, por meio dele, tornamo-nos mais sábios do que nos sabemos, melhores do que nos sentimos, mais nobres do que somos; por meio dele podemos ver a Vida como um todo; por meio dele e apenas por meio dele somos capazes de compreender os outros nas suas relações reais e ideais. Só aquilo que é excelente, e excelentemente concebido, pode alimentar o Amor. Mas qualquer coisa pode alimentar o ódio. O Ódio cega as pessoas. O Amor pode ler o que está escrito na mais longínqua estrela, mas o ódio cegou-te de tal maneira, que já não eras capaz de ver além de um murado estreito e, já seco pela luxúria, jardim dos teus desejos vulgares. Sutil, silenciosa e secretamente, o ódio roeu tua natureza, como o líquen morde a raiz de uma planta amarelada, até que te tornaste incapaz de ver outra coisa, que não fossem os mais pobres interesses e as mais insignificantes finalidades. Aquela tua faculdade, que o Amor podia ter acalentado, foi envenenada e paralisada pelo ódio. (Wilde, 2004, pp. 44-45)*

Após a expulsão catártica deste ressentimento, surge no horizonte uma nuvem melancólica:

> *Para nós, presos, há simplesmente uma estação, a estação da Dor. O próprio Sol e a própria Lua parecem nos ter sido roubados. Lá fora, o dia pode estar azul e dourado, mas a luz que entra pelo vidro fosco da pequena janela de grades de ferro, diante da qual nos sentamos, é cinzenta e fraca. É sempre crepúsculo na nossa cela, tal como é sempre meia-noite no nosso coração. E na esfera do pensamento, não menos que na esfera do tempo, já não há movimento. Aquilo que tu, pessoalmente, já esqueceste há muito, ou que podes esquecer com facilidade, está me acontecendo agora, e voltará a acontecer-me amanhã. Lembra-te disso, e serás capaz de compreender por que razão estou te escrevendo, e te escrevendo deste modo. (Wilde, 2004, p. 60)*

Num esforço extremo de autoamparo, ele resgata a lembrança reconfortante do gesto respeitoso e compassivo de um conhecido que, estando ele sendo levado algemado a um tribunal, tira-lhe o chapéu com grande humanidade:

> *Onde existe Dor, o chão é sagrado. Um dia compreenderás o significado disso. Quando eu fui levado da minha prisão até ao Tribunal de Falências, escoltado por dois policiais, Robbie esperou-me no longo e terrível corredor, para poder, diante da multidão, que uma ação tão simples e doce reduziu ao silêncio, tirar seriamente o chapéu diante de mim quando passei à sua frente, algemado e de cabeça abaixada. Foi com este espírito, e com este*

> *exemplo de amor, que os santos se ajoelharam para lavar os pés aos pobres, ou pararam para beijar os leprosos no rosto. Guardo esta lembrança no aposento de tesouros do meu coração. Mantenho-a aí, como uma dívida secreta que me sinto exultante por pensar que nunca poderei, de maneira alguma, pagar. Quando a Sabedoria se me mostrou inútil e a Filosofia, estéril, e os provérbios e as frases daqueles que procuraram consolar-me, como pó e cinzas na minha boca, a memória daquele pequeno, humilde e silencioso ato de amor abriu para mim as nascentes da piedade, fez o deserto florir como um rosa, e trouxe-me da amargura de um exílio solitário para a harmonia com os corações feridos, quebrados e grandes de todo o mundo. (Wilde, 2004, p. 62)*

Aproximando-se do final, somos contemplados com uma autocrítica sincera em que a dor desponta como um bem maior do que a beleza, como aquilo que ensina ao transformar a "imortalidade da fama na imortalidade da infâmia":

> *A agonia, e tudo aquilo que ela nos ensina, é o meu novo mundo. Eu vivia apenas para o deleite. Rejeitava qualquer espécie de dor ou sofrimento. Odiava-os. Tinha resolvido ignorá-los o máximo que pudesse, ou seja, tratá-los como maneiras de imperfeição. Não faziam parte do meu projeto de vida. Não tinham lugar na minha filosofia. A minha mãe, que conhecia a vida na sua totalidade, costumava citar-me as linhas de Goethe: "Aquele que nunca comeu o seu pão em solidão,/ Aquele que nunca passou as horas da noite/ Chorando e esperando a manhã,/ Não vos conhece, ó Poderes Celestes".*

> *Durante estes últimos meses fui capaz, depois de tão terríveis lutas e dificuldades, de compreender algumas das lições escondidas no coração da dor. . . . Por detrás da Alegria e do Riso, pode haver uma natureza vulgar, dura e insensível. Mas, por detrás do Sofrimento, há sempre Sofrimento. Ao contrário do Prazer, a Dor não tem máscaras. A Verdade na Arte não é uma correspondência entre a ideia fundamental e a existência acidental; não é uma semelhança de forma a sombra, não é um Eco que vem de um campo vazio, tal como não é o poço de água prateada existente no vale que mostra a Lua à Lua e Narciso a Narciso. Às vezes, o Sofrimento parece-me ser a única verdade, pois foi do Sofrimento que as palavras foram feitas, e a Dor tanto no nascimento de uma criança quanto no nascimento de uma estrela. (Wilde, 2004, pp. 79-80)*

À guisa de encerramento, deparamos com uma reflexão sobre a natureza humana que nos evoca aquela amálgama de fragilidade tão ressaltada por Carrière:

> *É patético que tão poucas pessoas alguma vez "possuam as suas almas" antes de morrerem. É bem verdade que a maioria das pessoas são espelhos de outras pessoas: os seus pensamentos são opiniões alheias, a sua vida uma imitação, as suas paixões uma citação. Cristo não foi apenas o supremo Individualista: foi o primeiro da História. As pessoas tentaram transformá-lo num vulgar Filantropo, igual aos horríveis filantropos do século XIX, ou fazer dele um Altruísta, como os anticientistas e os sentimentais. Mas, na verdade, ele não foi uma coisa nem outra. Sentia, é claro, piedade pelos pobres, por aqueles*

que estão fechados nas prisões, pelos humilhados, pelos infelizes, mas sentia muito mais piedade pelos ricos, pelos hedonistas ferozes, por aqueles que desperdiçam a sua liberdade tornando-se escravos das coisas, por aqueles que vestem roupas elegantes e vivem nas casas dos Reis. A Riqueza e o Prazer pareciam-lhe tragédias bem maiores do que a pobreza e a dor. Quanto ao Altruísmo, ninguém melhor do que ele sabia que é a vocação e não a volição que nos determina, e que não podemos tirar uvas de espinhos nem figos de cactos. (Wilde, 2004, pp. 88-89)

9. Espectadores da dor alheia: a saga de Susan Sontag

A dor de outro

Posso eu ver a dor de alguém,
Sem sentir tal dor também?
Ou no outro ver desgosto,
Sem lhe consolar o rosto?

Posso o pranto ver cair,
Sem parte da dor sentir?
Pai que o filho vê chorar
Não se há-de amargurar?

Pode a mãe estar em sossego
E o bebê gritar de medo?
Não, não! Pode isso lá ser!
Nunca, nunca pode ser!

Pode ele que a todos sorri
Ouvir da carriça pequena,
Das aves mais indefesas,
Ou das crianças, tristezas –

Sem se sentar junto ao ninho
Com pena do passarinho?
Sem juntar, ali ao pé,
O seu choro ao do bebê?

Sem secar o nosso pranto,
Noite & dia sem quebranto?
Não, não! Pode isso lá ser!
Nunca, nunca pode ser!

Ele que dá aventurança,
E se faz uma criança,
Faz-se um homem sofredor
E sente também a dor.

Cada um dos vossos ais
Ao criador entregais.
Nem há lágrima, decerto,
Que o não tenha por perto.

Ele dá-nos o alento
Que destrói o sofrimento,
Até ver o mal passado
Sente dó a nosso lado.

Blake (2007)

Em 1932, Freud e Einstein protagonizaram uma troca epistolar que tentava entender "o porquê da guerra", este eterno debate que, naquele momento, estimulou uma retórica pacifista de Virginia Woolf que culminou, em 1938, na publicação de um livro, *Três Guinéus*, com imagens trágicas da Guerra Civil Espanhola. Seu desafio era apresentar aquelas fotos para diferentes observadores, pretendendo auferir a gama de reações subjetivas que elas suscitavam, mas também interpelá-los: "Me olhem dizem as fotos, *é isto mesmo*. É isto que a guerra *faz*. A guerra rasga, desgarra. A guerra rompe, eviscera. A guerra abrasa, desmembra. A guerra *arruína*". Somente um monstro moral não se condoeria com essas atrocidades, no entanto, elas podem suscitar reações opostas, tanto um grito pela paz quanto uma sede de vingança, visando transformar alguém subjugado ou humilhado em mártir ou herói.

Num dia qualquer em 1945, uma garota de 12 anos chamada Susan Lee entrou desavisadamente numa livraria em Santa Mônica, na Califórnia, e deparou, horrorizada, com as primeiras fotos sobre o Holocausto que vieram a público: "Nada que eu tinha visto – em fotos ou na vida real – me atingiu de forma tão cortante, profunda, instantânea", escreveu ela (Moser, 2019, p. 17). A partir daí, sentiu-se o resto da vida atormentada pelas questões da crueldade e da guerra, tendo desenvolvido uma militância apaixonada para combater essas iniquidades, só que agora como uma celebridade conhecida pelo nome de Susan Sontag.

Curiosamente, ela logo apropriou-se da fotografia como instrumento de combate, reconhecendo que poderia ser usada tanto como registro elegíaco de configurações passadas quanto como arma predatória. Dessa forma, produziu dois livros preciosos *Sobre fotografia* e *Diante da dor dos outros*, em que esmiuça as questões éticas e morais suscitadas principalmente pela divulgação de fotos de atrocidades. É interessante assinalar que ela nunca se interessou em ser fotógrafa, mas em ser uma "livre pensadora" sobre as autenticidades e falsidades intermediadas pelas fotografias.

> *Consciente da obscenidade de contemplar aqueles corpos mutilados, ela está, aos 12 ou 13 anos, determinada a não desviar o olhar. Mas está determinada também a não aviltar as vítimas pespegando um final feliz a seu sofrimento, e se debate com a questão de como se lembrar.*

> *"Se existir alguma delicadeza possível nessas memórias dolorosas, eu vou procurar por ela", prometeu. Pelo resto da vida, ela procurou. Mas não o faria abraçando as obtusas identidades que, segundo temia, tinham criado a catástrofe. (Moser, 2019, p. 53)*

Em vez disso, ela escreveu um poema sintetizando muitas de suas reflexões posteriores sobre como encarar a dor dos outros:

> *Cinzas daqueles que foram incinerados nos campos,*
> *corpos esfaimados, baleados, espancados, mutilados nos campos,*
> *resumam para mim o que lhes aconteceu, Oh, me deixem lembrar de vocês...*
>
> *Não acho que suas cinzas irão alimentar e fazer frutificar coisa alguma, não*
> *acho que suas mortes tenham qualquer significado, ou que alguma coisa boa*
> *será propiciada por elas:*
> *Perdoem-me por não ter o poder – se eu tivesse o direito – de transmutá-las.*

Logo nos primórdios de sua cruzada, Susan, coerente com seu ensaio contra a interpretação, passou a tentar expressar-se mais pela forma do que pelo conteúdo, levando-a a produzir enunciados que privilegiavam a estética, transcendendo a crítica epistemológica. A fotografia, no entanto, é uma referência, uma máxima, um provérbio.

Talvez sua imagem mais paradigmática seja aquela realizada por Robert Capa em que o "disparo" da fotografia coincide com o momento no qual um soldado republicano é atingido por uma bala inimiga e cai de costas, morto sobre sua própria sombra. Essa imagem perturbadora confirma o slogan da revista fotográfica *Paris Match*: "As palavras pesam, as fotos comovem". A imagem como comoção e a imagem como clichê, o que confirma a suspeita de André Breton: "A beleza será convulsiva, ou não existirá".

Vejamos alguns dos enunciados que corroboram essa escolha:

- "No conto de fadas da fotografia, a caixa mágica assegura a veracidade e bane o erro, compensa a inexperiência e recompensa a inocência."
- "Um dos maiores êxitos da fotografia foi sua estratégia de transformar seres vivos em coisas, e coisas em seres vivos. Os pimentões que Edward Weston fotografou, ao redor de 1930, são mais voluptuosos do que suas fotos de mulheres nuas."
- "A fotografia é um tipo de hipérbole, uma cópula heroica com o mundo material."
- "Fox Talbot, um dos grandes pioneiros, chamava a câmera de 'caneta da natureza'."
- "Quando Thoreau escreveu que 'Não se pode dizer mais do que se vê', tinha por certo que cabia à visão a supremacia entre os sentidos."
- "O *ethos* da fotografia parece mais próximo da poesia moderna do que da pintura: ambas supõem descontinuidade, formas desarticuladas e unidade compensatória (arrancar as coisas do seu contexto, associá-las de modo elíptico de acordo com as exigências da subjetividade)."
- "Na proporção em que a fotografia de fato descasca o envoltório seco da visão rotineira, cria um outro hábito de ver: intenso e frio, solícito e desprendido, encantado pelo detalhe insignificante, e viciado na incongruência."

- "A despeito dos objetivos declarados da fotografia indiscreta, sem pose, não raro tosca, de revelar a verdade e não a beleza, a fotografia ainda embeleza. De fato, o triunfo mais duradouro da fotografia foi sua aptidão para descobrir a beleza no humilde, no inanimado, no decrépito. De um modo ou de outro, o real tem um *páthos*: e esse *páthos* é sempre belo."

A biografia de Susan Sontag justifica plenamente ela ser considerada um dos eixos do tema dos destinos da dor mental gerada pela interação humana. Numa visão panorâmica, eu destacaria: as infelicidades de sua origem familiar; uma culpa atávica por não ter vivido os horrores do Holocausto, malgrado sua origem judia; uma sólida formação intelectual no meio universitário estadunidense; seu espírito libertário e pacifista; a feliz escolha da fotografia como instrumento para estabelecer as correlações éticas e estéticas entre rememoração, prospecção, representação, busca da verdade e administração dos conflitos entre poder e finitude.

Quase órfã de pai – já que o perdera com cinco anos, só o conhecendo como "um conjunto de fotografias" –, filha de mãe alcoólatra e errante que se deslocava ao sabor dos ventos levando a ela e à irmã a tiracolo, Susan precocemente encontrou na cultura uma companhia inseparável para os momentos de solidão e desamparo. Se, por um lado, isso lhe propiciou uma base sólida para embasar sua cruzada contra as iniquidades humanas, por outro, deixou abandonada uma ampla gama de questões subjetivas como sua bissexualidade, sua maternidade errática, uma multiplicidade de vínculos homoafetivos frágeis e uma postura infantilizada diante do sucesso e do convívio com celebridades.

Susan não era infensa à psicanálise freudiana, tendo citado Freud em vários contextos de suas argumentações epistemológicas, se bem que, às vezes, "adaptando" os enunciados dele de acordo com suas conveniências. Por exemplo, por ocasião de uma aula proferida na

Universidade de Columbia, em 1961, afirmou que ele asseverara que "Não há nenhuma esperança visível de felicidade real em suas doutrinas, com exceção do trabalho e da ciência", quando de fato ele afirmara "trabalho e amor". De qualquer modo, ela nunca vislumbrou recorrer à psicanálise por motivos pessoais, embora, em 1963, na abertura do seu primeiro livro, *O benfeitor*, tenha parafraseado Descartes escrevendo "*Je rêve donc je suis*" (assim, em francês), demonstrando que intuía a importância do sonhar no processo de construção do pensamento, coisa que o *establishment* psicanalítico estadunidense da época ainda não alcançara plenamente.

Quanto à sua culpa atávica, talvez seu gesto catártico mais significativo tenha se iniciado em abril de 1993, na primeira das onze visitas que Susan acabaria fazendo a Sarajevo, em seu esforço utópico de interpor-se sozinha diante da sanha genocida do exército sérvio. Sua ajuda foi incansável tanto do ponto de vista material quanto cultural, já que, reunindo uma trupe de atores em frangalhos, encenou *Esperando Godot*, de Beckett, uma metáfora viva da ajuda dramática que os vizinhos "civilizados" se negavam a mandar para a Bósnia. Vejamos como ela veiculou o protesto dramático dos bósnios:

> *Fazemos parte da Europa. Somos o povo que, na antiga Iugoslávia, representava os valores europeus – secularismo, tolerância religiosa e multietnicidade. Como pode o resto da Europa permitir que isso aconteça conosco? Quando eu respondia que a Europa é e sempre fora um local tanto de barbárie quanto de civilização, eles não queriam me dar ouvidos. Agora, ninguém refutaria essa afirmação. (Moser, 2019, p. 475)*

Moser, seu biógrafo, nos alerta para um contraste interessante na personalidade de Susan:

> *Se o aplauso e a prosperidade traziam à tona o pior dela, a opressão e a privação revelavam o seu melhor. Se podia ser arrogante em Nova Iorque, em Saravejo ela era gentil. Ali, ela colocou o corpo na linha de fogo, e testemunhou e conquistou respeito universal; mas nada disso respondia a difícil pergunta que ela fazia: o que, como indivíduo ou como símbolo, ela podia concretamente fazer para ajudar. (Moser, 2019, p. 481)*

Enfim, sua condição de "benemérita itinerante" foi amplamente reconhecida por meio de uma estátua que hoje atesta sua corajosa e generosa ajuda em Sarajevo: se Keats forjou o próprio epitáfio dizendo "Aqui jaz aquele cujo nome foi inscrito em água", Susan poderia dizer "Aqui jaz aquela cuja imagem foi inscrita em bronze".

Além de seu trauma juvenil como observadora das atrocidades nazistas, Susan logo percebeu que a genealogia dessas fotos estava enraizada na série de gravuras de Goya, *Os desastres da guerra*, que retrataram as carnificinas perpetradas pelos franceses durante a Guerra de Independência Espanhola. "Nessa evolução histórica, a fotografia se aproximava da coisa que ela mostrava, ecoando o movimento daqueles artistas (como Goya e Dostoiévski), que empurraram suas metáforas para mais perto das coisas e eventos que tais representações simbolizam, reafirmando a autoridade moral da imagem" (Moser, 2019, p. 562).

Mas Susan, em suas cruzadas humanitárias, cada vez mais se convencia de que "A arte pode fazer você chorar, pode te alegrar, pode te entristecer, mas não pode *ajudar*". Como demonstra Moser (2019):

> *Era isso que ela sustentava em 2002, descrevendo "O papel da literatura em si" como meio "de ampliar nossas simpatias; de educar o coração e a mente; de garantir e*

> *aprofundar a consciência (com todas as suas consequências) de que outras pessoas, pessoas diferentes de nós, existem de verdade". No entanto, aprender a respeito da sua vida em seus últimos anos é ver que tal consciência não pode ser assegurada por meio da arte. Na ausência de uma empatia inata, nenhuma quantidade de metáfora pode ajudar, e nenhuma quantidade de conhecimento literário – e quem o tinha mais do que ela? – pode substituir a capacidade de enxergar o outro. Anos depois de ter confidenciado que não era "muito perspicaz quanto às outras pessoas, quanto ao que elas estão pensando e fazendo", depois de ter dito "estou certa de que tenho em mim a necessidade de ser empática e intuitiva", ela ainda não havia aprendido a empatia. (p. 505)*

Em 2003, quando publicou *Diante da dor dos outros*, ela já se convencera de que o pesadelo letal e suicida da Primeira Guerra Mundial transcendia o poder descritivo das palavras, levando Walter Lippmann a escrever em 1922 que: "As fotografias exercem hoje o mesmo tipo de autoridade na imaginação do que aquela da palavra impressa do passado". Como transmitir a dimensão de uma catástrofe como a da Batalha do Somme, em 1 de julho de 1916, que ceifou 30 mil vidas britânicas na primeira hora e que, após cinco meses, produzira 1,3 milhão de baixas nos combatentes?

Com essa evidência chocante, Susan sentiu-se na obrigação de começar a elaborar algum tipo de reação subjetiva:

> *O propósito da representação não é tornar a experiência do leitor idêntica à do artista. O propósito da representação é permitir ao leitor ou ao espectador entrar na experiência de outra pessoa. Nós podemos, na verdade,*

> *imaginar. Podemos entender. Não é preciso se tornar outra pessoa, ou ter vivido exatamente as mesmas experiências para imaginar a vida desta pessoa – e é por isso que o alicerce da metáfora é a empatia. A arte e a metáfora não tornam idênticas as experiências dos outros. Elas tornam as experiências dos outros imagináveis. (Moser, 2019, pp. 564-565)*

A tese central que Sontag nos oferece com incrível pertinência procura desvendar qual o papel ocupado pelo *observador* do sofrimento que lhe é externo, seja ele um evento atual na realidade, ou mesmo sua representação, seja um registro fotográfico, uma narrativa pela palavra ou uma obra de arte. Lembra-nos, de início, que a iconografia do sofrimento tem uma história milenar, destacando-se sobremaneira aqueles consequentes à ira, seja ela humana ou divina.

> *O grupo escultórico de Laoconte e seus filhos debatendo-se, as incontáveis versões pintadas ou esculpidas da Paixão de Cristo e o catálogo visual inesgotável das desalmadas execuções dos mártires cristãos, sem dúvida estão destinados a comover e a emocionar, a ser instrução e exemplo. O espectador talvez se apiede da dor daqueles que a padecem, mas são destinos que transcendem a condenação ou a impugnação. (Sontag, 2021b, p. 41, tradução livre).*

Nos mitos pagãos, em que Mársias, por exemplo, foi esfolado de ponta-cabeça após perder uma disputa com Apolo, a crueldade exalava menos uma admoestação moral do que uma provocação visando exemplaridade: você consegue encarar esta cena com coragem ou será um mero espectador, quando não um covarde?

Um pressuposto fundamental na construção da empatia é a aceitação do valor transformador da alteridade, algo que Susan incorporou já em 1959, quando se apaixonou por María Irene Fornés e se deu conta de que:

> *"Até agora", escreveu ela em 1959, "eu tinha a sensação de que as únicas pessoas que eu podia conhecer a fundo, ou amar de verdade, eram duplicatas ou versões do meu próprio eu desgraçado. (Meus sentimentos intelectuais e sexuais sempre foram incestuosos). Agora eu conheço e amo alguém que não é como eu – por exemplo, não é judia, nem do tipo do intelectual nova-iorquino –, sem nenhuma insuficiência de intimidade. Estou sempre consciente da estrangeiridade de Irene, da ausência de uma formação compartilhada – e vivencio isso como uma importante emancipação". (Moser, 2019, p. 195)*

Susan logo percebeu que:

> *Fotografar é, em essência, um ato de não intervenção. Parte do horror de lances memoráveis do fotojornalismo contemporâneo, como a foto do monge vietnamita que segura uma lata de gasolina, a de um guerrilheiro bengali no instante em que golpeia com a baioneta um traidor amarrado, decorre da consciência de que se tornou aceitável, em situações em que o fotógrafo tem de escolher entre uma foto e uma vida, optar pela foto. A pessoa que interfere não pode registrar; a pessoa que registra não pode interferir. Mesmo que incompatível com a intervenção, num sentido físico, usar uma câmera é ainda uma forma de participação. Embora a câmera seja um posto de observação, o ato de fotografar é mais do que uma observação passiva. A exemplo do voyeurismo*

> *sexual, é um modo de, pelo menos tacitamente, e não raro explicitamente, estimular o que estiver acontecendo a continuar a acontecer. Tirar uma foto é ter um interesse pelas coisas como elas são, pela permanência do* status quo, *é estar em cumplicidade com o que quer que se torne um tema interessante e digno de se fotografar – até mesmo, quando for este o foco de interesse, com a dor e a desgraça de outra pessoa. (Sontag, 2006, pp. 22-23)*

Uma foto, ela assinala, é tanto uma pseudopresença quanto uma prova de ausência:

> *A época atual é de nostalgia, e os fotógrafos fomentam, ativamente, a nostalgia. A fotografia é uma arte elegíaca, uma arte crepuscular. A maioria dos temas fotografados tem, justamente em virtude de serem fotografados, um toque de* páthos. *Um tema feio ou grotesco pode tornar-se comovente porque foi honrado pela atenção do fotógrafo. Um tema belo pode ser objeto de sentimentos pesarosos porque envelheceu ou decaiu ou não existe mais. Todas as fotos são* memento mori. *Tirar uma foto é participar da mortalidade, da vulnerabilidade e da mutabilidade de outra pessoa (ou coisa). Justamente por cortar uma fatia desse momento e congelá-la, toda foto testemunha a dissolução implacável do tempo. (Sontag, 2006, pp. 25-26)*

Seguindo o aforismo de que uma imagem vale mais que mil palavras, Susan acrescenta a percepção de que uma imagem fixa é mais contundente do que um fluxo de imagens:

> *Fotos podem ser mais memoráveis do que imagens em movimento, porque são "biópsias" de momentos imortais,*

> *e não um fluxo. Fotos como a que esteve na primeira página de muitos jornais do mundo em 1972 – uma criança sul-vietnamita nua, que acabara de ser atingida por napalm americano, correndo por uma estrada na direção da câmera de braços abertos, gritando de dor – provavelmente contribuíram mais para aumentar o repúdio público contra a guerra do que cem horas de barbaridades exibidas pela televisão. (Sontag, 2006, p. 28)*

Leonardo da Vinci, ao instruir os pintores na representação de uma batalha, mais uma vez nos surpreende, estimulando-os a retratá-la com um olhar impiedoso para que a consternação do observador lhe permita experimentar uma "beleza desafiante":

> *Os vencidos devem exibir seu abatimento na palidez dos rostos, na elevação do cenho e nas rugas doloridas e numerosas que despontam nas poucas carnes que restam . . . os dentes superiores deverão estar afastados dos inferiores, para dar passagem a um grito lamuriento . . . Mostrarás cadáveres semicobertos de pó . . . e pintarás o sangue com sua cor original, brotando do corpo e se perdendo em giros tortuosos, misturado com a poeira; e os homens que, rangendo os dentes, revolvendo os olhos e retorcendo as pernas, golpearão a própria cara com os punhos na agonia da morte. (Sontag, 2021a, p. 67)*

Essa postura discutível de Leonardo encontra-se, porém, bem localizada no início do capítulo 5, em que Sontag discute as questões éticas e estéticas inerentes aos registros fotográficos do sofrimento dos despossuídos, dos imigrantes apavorados, das vítimas dos genocídios, dos crimes racistas, do pavor surrealista das vítimas do ataque terrorista ao World Trade Center e, claro, dos riscos de uma guerra nuclear com a ameaça de um extermínio total. "Como consequência, os fotógrafos moralmente atentos e os ideólogos da fotografia têm se interessado crescentemente pelas questões da exploração sentimental (da piedade, da compaixão e da indignação) das imagens bélicas e pelos repetidos procedimentos que provocam a emoção" (Sontag, 2021b, p. 41).

O fato é que ainda não chegamos a um consenso sobre, por exemplo, o acervo de fotografias de linchamentos de vítimas negras nos EUA, entre 1890 e 1930, exibido em Nova York em 2000, já que teríamos de responder a questões delicadas: "Qual o objetivo de expô-las? Concitar a indignação? Despertar-nos indignação e tristeza? Consolar nossa aflição? Qual a necessidade de olhar algo sepultado no passado? Estas imagens nos instruem? Será que não só confirmam o que já sabemos?" (Sontag, 2021a, p. 80).

Com seu olhar leigo (não psicanalítico), mas sensível às pulsões escopofílicas, Sontag comenta que todas as imagens que expõem a violação de um corpo atraente seriam, de alguma forma, pornográficas, mas que mesmo as imagens do repulsivo podem fascinar. Essas ponderações não se aplicariam ao estilo lacônico de Goya, mas estariam presentes nos episódios corriqueiros dos transeuntes que demonstram uma "peculiar curiosidade" por desastres de trânsito ou efeitos de catástrofes naturais: mais dos que meros desejos mórbidos, isso expressaria os tormentos interiores da fragilidade humana.

Mas, rendendo-se à funcionalidade da estrutura freudiana do aparelho psíquico, ela lembra que a atração pelos corpos mutilados já estava presente numa descrição fundadora do conflito mental constante no Livro IV da *República*: ali, Sócrates descreve como um desejo indigno pode ofuscar a razão, levando o ser a encolerizar-se com sua natureza. Platão sugere uma teórica tripartite da função mental, integrando a razão, a cólera ou indignação e a apetência ou desejo – diferentemente de Freud, que começa pelo superego, ele coloca a consciência (ou indignação) no meio, alocando o desejo na posição do id. Em contrapartida, ela nos adverte para os perigos da indiferença, do tédio e da passividade que podem nos tornar cínicos, apáticos e até covardes. Ela conclui que sempre que sentimos simpatia, sentimos que não somos cúmplices do sofrimento alheio – nossa simpatia proclama nossa inocência, bem como nossa eficácia.

Em resumo:

> *O limite do conhecimento fotográfico do mundo é que, conquanto possa incitar a consciência, jamais conseguirá ser um conhecimento ético ou político. O conhecimento adquirido por meio de fotos será sempre um tipo de sentimentalismo, seja ele cínico ou humanista. Há de ser um conhecimento barateado – uma aparência de conhecimento, uma aparência de sabedoria; assim como o ato de tirar fotos é uma aparência de apropriação, uma aparência de estupro. A própria nudez do que seria, hipoteticamente compreensível nas fotos é o que constitui seu caráter atraente e provocador. A onipresença das fotos produz um efeito incalculável em nossa sensibilidade ética. Ao munir este mundo já abarrotado de uma duplicata do mundo feita de imagens, a fotografia nos faz sentir que o mundo é mais acessível do que é na realidade. (Sontag, 2006, p. 34)*

Um outro fantasma, porém, nos assombra nas sociedades "desenvolvidas", representado pelos poderes nem sempre éticos e sinceros dos *mass media* e da propaganda. Os jornalistas e os publicitários encontram-se assim diante do dilema de privilegiarem a verdade *de per si* ou de se envolverem com interesses moralmente escusos, mas afinados com seus empregadores. O risco maior seria que o *conteúdo* de suas comunicações sofresse uma lixiviação, uma dissolução e remoção de seus constituintes. Além do mais, a disseminação de certas interpretações das sociedades pós-modernas, reduzindo-as à espetacularização ou à simulacrização, acaba promovendo uma erosão do *sentido* da realidade e jogando numa vala comum os esforços interpretativos cosméticos junto com os esforços sinceros de quem se expõe aos perigos reais de uma guerra, seja por convicção ou por motivos involuntários.

Por outro lado, como humanos, somos candidatos perenes à necessidade de nos posicionarmos a favor do que seria mais eficaz para nos contrapormos aos efeitos horripilantes das atrocidades hobbesianas a que estamos todos sujeitos, tanto como presas quanto como predadores de nossos semelhantes. Apesar do valor ético inconteste de podermos memorizar atrocidades passadas, será que isso seria suficiente para aprofundarmos nossa reflexão a respeito delas? Em que grau a busca da paz e da reconciliação não demandaria um grau funcional de esquecimento? O perdão existe? A divulgação de imagens (ou de relatos pungentes como o de Primo Levi) seria indecente, ou o indecente seria nos furtarmos a observá-los num ambiente calmo e reflexivo?

Nossa impotência torna-se mais dramática quando constatamos que a indignação moral ou a compaixão não podem ditar o curso das ações: talvez para refletirmos seja necessário nos afastarmos da agressividade do mundo, para nos inteirarmos da dinâmica de suas distorções. Ou, na sentença curta e grossa de Sontag: "Ninguém pode pensar e golpear alguém ao mesmo tempo".

Algumas fotografias, como a do menino no Gueto de Varsóvia, em 1943, com as mãos levantadas ao ser empurrado para o trem que o levaria a um campo de extermínio, ou aquela do general Nguyễn Loan atirando na cabeça de um pretenso vietcongue numa rua de Saigon, podem ser usadas como *memento mori*, como ícones seculares do sentido perfunctório da realidade.

O usufruto "sagrado" de uma realidade tão avassaladora demanda um espaço e um tempo de recolhimento e contemplação que, no mundo pós-moderno, não será nem o shopping center, nem a tela cambiante do computador ou celular.

10. Johnny ou Joe: o sofrimento de uma consciência encarcerada

O famoso livro de Dalton Trumbo, *Johnny vai à guerra* (2016), inverte, num certo sentido, a realidade ficcional de Wilfred Owen, ao nos descrever de forma pungente os sofrimentos de uma "consciência encarcerada" por meio de uma "ficção realista"; por outro lado, em certas passagens, nos evoca as revoltas autobiográficas de Bion, que foram se avolumando na medida em que a estupidez fortuita da guerra lhe obrigara a reconhecer a armadilha que engendrara para si mesmo.

A ideia do livro era descrever a condição bizarra de um soldado vítima da explosão de uma bomba e que, em consequência, fica totalmente mutilado: braços e pernas amputados, visão, audição e fala inviabilizadas, mas... consciência preservada. Em resumo, um "morto em vida".

No começo somos confrontados com descrições patéticas de sua condição, uma espécie de cartão de visitas entregue ao leitor para que ele decida se está disposto a ser espectador deste espetáculo de horrores:

Pensou bem garoto você está surdo como um poste mas não existe mais dor. Você não tem braços mas não está dolorido. Nunca mais vai queimar a mão ou fazer um corte no dedo ou esmagar uma unha seu caipira sortudo. Você está vivo e sem dor e isso é muito melhor do que estar vivo e dolorido. Há um montão de coisas que um sujeito surdo e sem braços pode fazer desde que ele não sinta uma dor ensurdecedora. Pode arranjar ganchos ou coisa parecida no lugar dos braços e pode aprender leitura labial e ainda que isso não o coloque no tipo do mundo pelo menos ele não está afogado no fundo de um rio com a dor rasgando seu cérebro em pedaços. Ainda dispõe de ar e não está lutando e tem salgueiros e consegue pensar e não sente dor (Trumbo, 2016, p. 66).

***

Jogou a cabeça para trás e começou a berrar de pavor. Mas só começou já que não tinha boca para berrar. Ficou tão surpreso ao não conseguir berrar que começou a mover a mandíbula como um homem que achou uma coisa interessante e quer testá-la. Estava tão seguro de que a ideia de não ter boca era um sonho que pôde investigá-la com calma. Tentou mover a mandíbula e não havia mandíbula. Tentou passar a língua pela parte interna dos dentes e pelo céu da boca como se estivesse à procura de uma semente de framboesa. Mas ele não tinha língua e não tinha dentes. Não havia céu da boca e não havia boca nenhuma. Tentou engolir mas não conseguiu porque não tinha palato e não tinham sobrado músculos para a ação de engolir. (Trumbo, 2016, p. 67)

A impressão que se tem é de estarmos diante de uma paródia de um festival de mutilações, de um diálogo interior construído por hipérboles fantasiosas que turvam sua autenticidade: para mim, evocou um interessante aforismo de Ralph Waldo Emerson – "Aquilo que você fala grita tanto, que mal dá para ouvir aquilo que você diz!".

Curiosamente, no entanto, esses arroubos retóricos vão sendo gradualmente interpostos por certas reflexões de senso comum que foram usadas por autores como Samuel Beckett, que se arvoraram em descrever as precariedades humanas. Quem já leu o seu *Malone morre* com certeza sentirá um *déjà vu* com o trecho a seguir:

> *Ele agora sabia que certamente estava morrendo mas estava curioso. Não queria morrer antes de descobrir tudo. Se um homem não tem nariz nem boca nem palato nem língua ora bolas é racional que ele esteja desprovido de outras partes também. Mas isso era besteira porque um homem em tais condições estaria morto. Você não pode perder uma porção tão grande de si próprio e ainda assim continuar vivendo. No entanto se você sabia que tinha perdido tudo aquilo e estava pensando a respeito então você devia estar vivo porque os mortos não pensam. Os mortos não são curiosos e ele estava louco de curiosidade portanto não podia estar morto ainda (Trumbo, 2016, p. 68).*
>
> ***
>
> *Não podia viver assim porque ficaria louco. Mas não podia morrer porque não tinha como se matar. Se ele ao menos respirasse por conta própria poderia morrer. Era engraçado mas era verdade. Poderia prender a respiração e se matar. Era a única saída que restava. Só que ele não*

> *estava respirando. Seus pulmões bombeavam ar mas ele não tinha como impedi-los de fazer isso. Não podia viver e não podia morrer. (2011, p. 69)*

Mas, logo a seguir, ao tentar reproduzir o desamparo infantil de Joe, o texto resvala para um tom edulcorado, que rescende a simulacro, ou aos apelos patéticos de Sweeting (não esquecer que este nome fantasia foi escolhido por Bion):

> *Mãe você foi embora e me esqueceu. Estou aqui. Não consigo acordar mãe. Me acorde. Não consigo me mexer. Me abrace. Estou apavorado. Oh mãe mãe cante para mim me esfregue me banhe penteie meu cabelo lave minhas orelhas brinque com os dedos dos meus pés bata minhas palminhas sopre meu nariz beije meus olhos e boca como vi você fazer com Elizabeth como deve ter feito comigo. Então acordarei e ficarei com você e nunca mais partirei nem sentirei medo e nem sonharei de novo. (Trumbo, 2016, p. 70)*

Nesta altura, essas oscilações no relato sugerem que o próprio Trumbo, profundamente identificado com o sofrimento de seu personagem, estava vivenciando os estágios vividos pelo psiquismo diante de perdas, lutos e tragédias, descritos fenomenologicamente em 1969 por Elizabeth Kübler-Ross em seu famoso livro *Sobre a morte e o morrer*. Essa hipótese vai se confirmando ao longo do livro, de modo que, ao término, não só percorremos as etapas descritas por ela de choque, negação e isolamento, negociação, depressão e aceitação, mas também conseguimos sentir as aflições daquilo que ela denominou "experiências de quase morte". Sua contribuição para o entendimento dos fenômenos ligados ao sofrimento com a morte foi reconhecida amplamente por meio de seus workshops sobre "Vida, morte e transição", garantindo a ela o título de pioneira em novos setores da medicina, como a tanatologia e a medicina de cuidados paliativos.

A medicina, já há um bom tempo, conhece estados de encarceramento mental causados por quadros graves de acidentes vasculares cerebrais (ou mesmo traumatismos cranianos), em que o corpo fica totalmente inutilizado, mas a consciência continua preservada. Esse estado extremamente angustiante foi a etapa seguinte vivida por Joe:

> *Eis aqui um homem sem pernas nem braços nem orelhas nem olhos nem nariz nem boca mas que respira e come e está tão vivo quanto você e eu. A guerra era uma coisa maravilhosa para médicos e ele era o felizardo que tirava proveito de tudo o que eles tinham aprendido. Mas havia uma coisa que eles não conseguiam fazer. Eles podiam ser perfeitamente capazes de colocar um sujeito de volta no útero mas não conseguiam tirá-lo de lá novamente. Ele estava ali para sempre. Todas as partes arrancadas dele tinham partido para sempre. Era isso que ele precisava lembrar. Era nisso que ele precisava acreditar. Quando se compenetrasse disso poderia se acalmar e pensar. (Trumbo, 2016, p. 90)*

Nessa situação surreal, Joe sentia-se abandonado por todos os seus referenciais: geográficos, temporais e sociais. Até a comunicação com o próprio corpo estava enormemente prejudicada, sua alimentação era parenteral e suas excreções recolhidas a sua revelia. Sua vida, agora, era uma ilha isolada do mundo a não ser por tênues vibrações quando alguém se aproximava ou pelas manipulações protocolares das enfermeiras. O único expediente que lhe sobrevivera

era a possibilidade de movimentar a cabeça, e foi aí que ele iniciou a tentativa duvidosa de tentar mostrar que ainda existia.

De início, seus movimentos aleatórios sugeriram uma mera agitação, levando os observadores a providenciar uma sedação reativa sempre que aquilo elevasse suas angústias. A percepção desta insensibilidade ampliou o seu "sufoco", mergulhando-o em momentos de abatimento e desespero. Após um bom tempo, porém, num belo dia, "reconheceu" a chegada de uma nova enfermeira que, de saída, revelou-se sensível e paciente, acendendo nele uma chama de esperança: lembrou-se de que o ser humano dispunha de um pedido de socorro universal, com alto valor simbólico, o SOS. Lançou-se, então, numa tentativa de ritmar as batidas da cabeça para que sua "interlocutora" reconhecesse seus esforços de comunicação: felizmente, ele preservara o abanar de cabeça expressando negação, até que ela pudesse ir aferindo se sua compreensão era a correta.

Após um longo e angustiante esforço, conseguiu comunicar-lhe sua ânsia em "sair daquela prisão" e, durante algum tempo, aguardou ansiosamente a chegada de alguma resposta. Nesta altura, já tinham podido estabelecer um alfabeto a partir da sequência de batidas, uma espécie de código morse. Este êxito, no entanto, revelou-se frustrante quando chegou a resposta burocrática e mecânica: "É proibido pelo regulamento". Essa sentença curta e fria acabou com suas esperanças, lançando-o num estado de revolta indignada contra as autoridades que enviavam seus jovens para terem suas vidas desgraçadas pela impiedade da guerra:

> *Estavam sempre lutando por alguma coisa os filhos da mãe e se alguém ousasse dizer dane-se a luta é tudo a mesma coisa cada guerra é como todas as outras e ninguém tira nada de bom dela esse alguém seria chamado de covarde (Trumbo, 2016, p. 114).*

***

E também tem a decência. Todo mundo dizia que a América estava lutando uma guerra pelo triunfo da decência. Mas decência de acordo com quem? E decência para quem? Diga-nos se um homem decente morto se sente muito melhor que um homem indecente vivo.

***

Morrer lutando pela pátria é como comprar um pacote sem verificar o que tem dentro. E você paga por uma coisa que não vai poder usufruir.

Ao final, nada mais lhe restava a não ser retrair-se melancolicamente ao seu destino de "quase morto", como dizia Kübler-Ross:

Quase podia ouvir o gemido de dor que saía do seu coração. Era uma dor pessoal aguda terrível o tipo de dor que surge apenas quando alguém a quem você nunca fez mal algum vira-lhe as costas e diz adeus adeus para sempre sem razão nenhuma para isso. Não tinha feito nada para eles. Não tinha culpa do transtorno que estava causando e no entanto eles cerravam a cortina ao seu redor enfiando-o de volta no útero de volta na sepultura dizendo-lhe adeus não nos incomode não volte à vida os mortos devem continuar mortos e já estamos fartos de você (Trumbo, 2016, p. 224).

***

E para ele que nunca fizera mal a ninguém eles estavam dizendo boa noite adeus fique onde está não nos cause

> *problema você está além da vida além da morte você está mesmo além da esperança você já era já está acabado para sempre boa noite e adeus. (Trumbo, 2016, p. 225).*

Se Johnny pudesse "morrer de novo", seria de solidão...

11. Duas dores atípicas: a libido elegíaca e a libido incestuosa

O termo "libido elegíaca" foi-me suscitado pela magnífica descrição feita por Vassili Grossman (2014) da "dor reconfortante" vivida por uma mãe que, após um longo silêncio acerca do destino de um filho que fora para a guerra, finalmente é informada de que ele morrera e também onde tinha sido enterrado. Em seu livro *Vida e destino*, encontramos relatos impactantes sobre as perseguições aos judeus também na Rússia, sobre "a guerra patriótica" vivida durante o famoso cerco a Stalingrado, sobre os campos de concentração e os sofrimentos das famílias desagregadas ou destruídas.

Tendo perdido contato com seu filho Anatoli (Tólia), Liudmila Nikoláievna recebe uma carta do Exército, dando-lhe notícias do paradeiro do filho.

> *Entrou no quarto com passos largos e, aproximando o envelope da luz, arrancou a ponta do papel grosseiro. Por um instante, teve a impressão que estava caindo do envelope uma fotografia de Tólia – pequerrucho, quando ainda não sustentava a cabeça, pelado, no travesseiro,*

> *com as perninhas de urso para o ar e os lábios salientes. De um jeito aparentemente incompreensível, mesmo sem prestar atenção às palavras, mas apenas absorta e fissurada na letra bonita do funcionário pouco ilustrado que havia escrito aquelas linhas, ela conseguiu entender: está vivo, ele vive!*
>
> *Leu que Tólia tinha sido gravemente ferido no peito e no quadril, perdera muito sangue, estava fraco, não conseguia escrever, tinha febre havia quatro semanas... Mas as lágrimas que lhe cobriam os olhos eram de alegria, tão grande havia sido seu desespero momentos antes.*
>
> *Se Tólia morrer, ela pensou, seu pai não vai ficar sabendo; sabe-se lá em que campo de prisioneiros procurá-lo, pois talvez já tenha morrido há tempos... (Grossman, 2014, pp. 105-106)*

O fato, porém, é que Liudmila conseguiu ser informada de que o filho deveria ser submetido a uma delicada cirurgia: chegando ao hospital uma semana depois, soube que Tólia não resistira a operação e, seguindo o protocolo do hospital militar, já tinha sido enterrado sem caixão em lugar só localizado por tabuletas rústicas, onde os nomes eram escritos com tinta precária que sumiam com a primeira chuva.

Constrangido diante do sofrimento maternal de Liudmila, o comissário hospitalar lhe indaga se teria algum pedido à direção e ela, incontinente, solicita que lhe indiquem o local do sepultamento, que lhe permitam levar os pertences do filho como lembrança, e que distribuam aos pacientes os presentes que havia trazido para ele.

Chegamos ao momento em que Grossman descreve o encontro pungente da mãe enlutada com a sepultura do filho e que, a meu ver, configura a vivência emocional que eu denominei “libido elegíaca”:

Liudmila foi até o montinho da sepultura e leu na tabuleta o nome e a patente militar do seu filho. Sentiu com clareza os cabelos se mexendo debaixo do lenço, os dedos gélidos de alguém bulindo com eles... Finalmente tinha encontrado Tólia. Muitas vezes tentara adivinhar onde ele estava, o que fazia e em quem pensava: será que seu pequeno estava cochilando, apoiado na parede de uma trincheira, caminhando por alguma trilha, tomando uns goles de chá, segurando a caneca em uma das mãos e o torrão de açúcar na outra, ou correndo por um campo debaixo de bombardeio... Ela queria estar perto, ele precisava dela; ela ia colocar chá na sua caneca, ia dizer "coma mais pão", ia tirar sua bota e lavar o pé machucado, ia lhe colocar o cachecol no pescoço... E todo dia ele sumia, e ela não conseguia encontrá-lo. Agora o tinha encontrado, mas ele não precisava mais dela...

O vivo se transformara em sem vida. De vivo, no mundo inteiro, só havia Tólia. Mas que silêncio ao redor. Será que ele já sabia que ela tinha chegado? Liudmila ficou de joelhos, suavemente, para não perturbar o filho: endireitou a tabuleta com seu nome, pois ele sempre se zangava quando ela endireitava a gola do seu agasalho ao levá-lo para a escola.

– Olha como eu cheguei, e você achava que mamãe não vinha... – falava a meia voz, temendo que as pessoas do cemitério a ouvissem...

Que silêncio. Falava com o filho, lembrando-se de detalhes de sua vida passada, e essas lembranças, que existiam apenas na sua consciência enchiam o espaço com vozes de crianças, lágrimas, o farfalhar de livros ilustrados, a batida da colher na beira de um prato branco, o zumbido dos aparelhos de rádio de fabricação caseira, o ranger dos esquis, o zunir das canoas nas represas das dachas, o rumor do papel de bala, visões fugidias do rosto, do ombro e do peito do menino. As lágrimas dele, os desgostos, seus atos bons e maus tinham sido vivificados pelo desespero dela, e existiam, proeminentes, palpáveis.

Tomavam conta dela não as lembranças do passado, mas as inquietudes da vida cotidiana. Para que ficar lendo a noite inteira com essa luz horrível, o que é isso, começara a usar óculos tão jovem...

E agora ele jazia com uma camisa leve de chita, descalço, quase como se não estivesse vestido, e a terra estava bem gelada, e de noite fazia um frio de rachar. Inesperadamente começou a escorrer sangue do nariz de Liudmila. Seu lenço ficou pesado, todo empapado. A cabeça girava, os olhos escureciam, e por um breve instante parecia que ela ia perder a consciência. Semicerrou os olhos e, ao reabri-los, o mundo que tinha trazido à vida por seu sofrimento já desaparecera, e apenas a poeira cinzenta arrastada pelo vento girava sobre as sepulturas.

A água da vida, que jorrara por cima do gelo, trazendo Tólia das trevas, tinha desaparecido, sumido, e voltara a se afastar daquele mundo que, por um instante, rompendo os grilhões, quis se tornar real, um mundo criado pelo desespero da mãe. Seu desespero, à semelhança de Deus, havia levantado o tenente da tumba e povoado o espaço com novas estrelas. Nesses minutos que tinham acabado de passar, só ele vivia no mundo, e todo o resto existia graças a ele . . .

Ela ergueu o lenço empapado de sangue até os olhos secos. Sentia que seu rosto estava manchado de sangue e se sentou, curvando-se, resignando-se, fazendo contra a vontade os primeiros e pequenos movimentos no sentido de se conscientizar de que Tólia não mais existia. As pessoas no hospital tinham se surpreendido com a sua calma, com as suas respostas. Seu sentimento pelo filho era tão forte que o poder do fato consumado nada podia contra ele: Tólia continuava vivo.

Ela estava louca, mas ninguém via isso. Finalmente encontrara Tólia: como uma gata que tivesse achado seu filhotinho morto, ela se alegrava e o lambia. Uma alma pode sofrer por muito tempo, anos e anos, até décadas, antes que lentamente, pedra por pedra, construa a sua sepultura, chegando por si própria ao sentimento da perda eterna, e curvando-se à força da realidade . . .

Meu pobre garoto, meu tímido, desajeitado e bom filhote... Só ele gostava dela, e agora, à noite, no cemitério, só ele estava com ela, ele jamais a abandonaria, e, quando ela fosse uma velha inútil, continuaria a amá-la... Como ele é despreparado para a vida! Nunca pede nada a ninguém, é acanhado e ridículo; a professora diz que virou o bode expiatório da escola. Tiram um sarro dele, fazem-no perder a paciência, e ele acaba chorando como um bebê. Tólia, Tólia, não me deixe só.

Depois nasceu o dia. Um clarão vermelho, mas gelado ardia sobre a estepe do Volga. Um caminhão rugia pela estrada. A loucura se foi. Ela se sentou junto ao túmulo do filho. O corpo de Tólia estava coberto de terra. Ele não mais existia . . .

> *Levantou-se, apanhou a carta, sacudiu com as mãos enregeladas as bolas de terra do casaco, limpou-o, poliu os sapatos, esfregou longamente o lenço, até que ele voltasse a ficar branco. Colocou-o na cabeça, usando sua ponta para tirar poeira da sobrancelha e enxugar as manchas de sangue dos lábios e do queixo. Caminhava na direção do portão, sem olhar, nem devagar, nem depressa. (Grossman, pp. 162-167)*

No final do livro, numa espécie de síntese apoteótica dos destinos da vida, somos presenteados com uma magnífica descrição de uma outra perda "maternal": uma velha senhora que, terminada a guerra, vai visitar as ruínas de sua casa que jaziam anônimas entre os escombros do cerco a Stalingrado. De novo, devolvo a palavra para Grossman descrever-nos metaforicamente a morte de um lar:

> *Para Aleksandra Vladímirovna, era estranho ver essas filas de mulheres, casebres, senhores descarregando tábuas, camisas secando nas cordas, lençóis remendados, meias se enroscando como serpentes, cartazes colados em paredes mortas... Stalingrado estava destinada a determinar a filosofia da história e os sistemas sociais do futuro.*
>
> *A parede de sua casa que dava para rua estava de pé, e, através das janelas abertas, Aleksandra Vladímirovna viu com os olhos decrépitos e cansados seu quarto, reconhecendo a pintura desbotada azul-celeste e verde. Mas os quartos não tinham chão, não tinham teto, não havia escadas para subir.*
>
> *Com uma força dilacerante e esmagadora, sentiu sua vida, suas filhas, o filho infeliz, o neto Serioja, suas perdas*

> *irremediáveis, sua desamparada cabeça grisalha. Uma mulher fraca, doente, de casaco puído e sapatos gastos contemplava as ruínas da sua casa.*
>
> *Pois também ela, uma velha, vivia sempre esperando o bem, acreditando, temendo o mal, cheia de preocupação pelos vivos, sem diferenciar entre eles e os mortos, estava de pé, olhando para as ruínas de sua casa, admirando o céu primaveril mesmo sem saber por que o admirava... pensando que apenas o destino tem o direito de recompensar e castigar, alçar à glória e mergulhar na miséria, e reduzir um homem ao pó do campo de prisioneiros, nem o destino do mundo, nem o fado da história, nem o fado da ira do Estado, nem a glória nem a infâmia da batalha modificam aqueles que se chamam seres humanos. (Grossman, pp. 889-891)*

Apresentados a essa narrativa decantadora daquele que muitos consideram o luto mais doloroso, passaremos agora a uma narrativa plena de sobressaltos, ao descrever a faísca que incendiou um caldeirão endogâmico. Nosso referente será o brilhante livro de Lúcio Cardoso, *Crônica da casa assassinada* (2009), que descreve a história de Nina, uma mulher ambiciosa e recalcada, mas emocionalmente sensível, que luta leoninamente para se desvencilhar das amarras que a impedem de experimentar a humanidade plena.

Essa obra, editada em 1959, conta com várias reedições. Algumas frases de seu autor já mostram com quem estamos lidando: "Não sou um escritor, sou uma atmosfera"; "Todas as paixões me pervertem, todas as paixões me convertem"; "Sou da raça dos que se alimentam de venenos"; "Escrever é um modo de agonizar de olhos abertos".

Para fazermos jus ao conjunto de ensinamentos psicanalíticos que ela nos oferece, teríamos que dispor de um espaço alentado, por isso, escolhi como exemplo de paixão que perverte e converte aquela que está na raiz da psicanálise, ou seja, o incesto. Ao fazê-lo, estou plenamente cônscio da artificialidade deste recorte, já que o livro transcende de muito esse tema tão delicado: espero que esta apresentação sirva de estímulo para que todos que não conhecem essa obra tão importante para nós se interessem por ela.

Sem qualquer pretensão de abrangência, elaborei para meu uso pessoal um resumo dos tópicos que nos dão uma pálida ideia da trajetória vital de Nina:

- abandonada pela mãe desde tenra infância, viveu precocemente a orfandade do seio;
- criada pelo pai e paparicada por um coronel seu amigo, acabou vítima de um paternalismo ora pervertido, ora ilusório, ora autêntico;
- anonimamente infeliz no Rio de Janeiro, foi dali "sequestrada" por um macho mimado e *bon vivant*, que dela se apaixonou à primeira vista;
- dali, foi transplantada para o interior de Minas Gerais e encerrada num ninho endogâmico intoxicado pela decadência moral e material de uma família que sobrevivia das migalhas de um passado glorioso;
- nesta altura, ela já reconhecera há tempos ser a sedução sua principal arma de sobrevivência;
- neste contexto, poderíamos conjecturar que seu inconsciente teria maquinado uma estratégia salvadora: gerar uma criatura que lhe fosse redentoramente aliada;
- como epílogo, temos a narrativa dos conflitos ético-morais enfrentados por um "seio libertário" na confrontação com a figura composta por pai-coronel-marido-filho.

A "casa assassinada" do título albergava os seguintes personagens:

1. Demétrio, o irmão mais velho, e Ana, sua infeliz e submissa esposa.
2. Valdo, o irmão do meio que, apaixonando-se por Nina, administra sua presença/ausência dentro da família Meneses.
3. André, filho de Nina e Valdo, gerado no Solar, nascido no Rio, educado no Solar, mas separado da mãe por quinze anos.
4. Timóteo, irmão mais novo dos Meneses, um travesti assumido, trancafiado num quarto para abafar a vergonha que representava para a família, mas crítico ferino de suas mazelas.
5. Betty, a antiga governanta, figura diplomática e maternal empenhada em apaziguar os conflitos do Solar.
6. Alberto, jovem jardineiro, figura bucólica enredada nos transbordamentos da sexualidade reprimida.
7. E, como figuras externas, um médico, um farmacêutico e um padre.

Selecionei alguns trechos do episódio do incesto, na expectativa de suavizar a longa abstinência a que nós psicanalistas nos submetemos ao nos ater à mera informação de que Édipo se casou com Jocasta, e ponto-final.

Em nosso caso, após a longa separação, Nina retorna ao Solar e fica encantada com o belo rapaz que era seu filho e, na primeira oportunidade, lhe promete em segredo ir a seu quarto para conversarem. Acompanhemos o relato de André em seu diário:

> *Um frêmito de amor apossou-se de mim àquelas simples palavras. Apertei sua mão mais fortemente ainda, como se temesse vê-la escapar à promessa que acabara de fazer.*

— Não deixe de ir — implorei. — Ficarei toda a noite a sua espera.

Ela desprendeu-se de mim, dando-me um ligeiro tapa no rosto, e aquele gesto, pela sua grande intimidade, pelo jeito infantil com que parecia me considerar, arrastou-me de novo ao mau humor que me dominava desde sua chegada. Mas não tive tempo de replicar, pois meu pai terminara a música que tocava no piano e voltava-se para nós.

— Ah, Valdo — disse ela —, como você ainda toca bem! Essas coisas me lembram um tempo inesquecível.

Seu tom de voz era tão significativo, tão intencional, que não pude deixar de estremecer – mentira ou não, de que estranhos recursos de malícia e fingimento aquela mulher era dotada, como sabia de um simples detalhe, de um olhar, de uma palavra sem importância, compor a atmosfera precisa de um engano! . . .

Mas ela veio e, antes que qualquer palavra fosse pronunciada, como através de uma janela subitamente aberta, o cheiro do seu perfume predileto veio até mim . . .

Ela sentou-se ao meu lado e tomou-me as mãos – senti o peso do corpo que tocava o meu, a carícia da seda contra minha carne, o calor que vinha dos seus seios. Por quanto tempo poderia eu permanecer assim, as mãos febris entre as suas, enquanto nossos olhos brilhantes procuravam-se nas trevas? . . .

Apesar dos meus dezesseis anos, confesso que era a primeira vez que uma mulher chegava tão próximo à minha pessoa. Muitas vezes, quando fora à cidade seguia com olhos vagabundos e sonhadores as mocinhas transitando pela rua. Meu tio comentou: "Ah, você já repara nas mulheres! Um dia desses será preciso conhecê-las de perto...". Ao meu lado achava-se aquela que até o momento eu conhecera embriagadoramente de mais perto, aquela mãe que era uma estranha para mim, e que sozinha, como um fato inédito, assumia aos meus olhos todo o inebriante fascínio das mulheres . . .

Agora, paralisado, nada podia fazer senão acompanhar com angústia os gemidos que lhe subiam aos lábios. Afinal, na escuridão, senti apenas que suas mãos se moviam e começavam a percorrer o corpo numa terrível e inesperada carícia. Ah, podia ser que não houvesse nisso nenhuma intenção, que fossem simples gestos mecânicos, possivelmente a lembrança de uma mãe carinhosa – que sabia eu das mães e dos seus costumes! – mas a verdade é que não podia refrear meus sentimentos e estremecia até o fundo do ser, desperto por uma agônica e espasmódica sensação de gozo e de aniquilamento. Não, por mais que eu repetisse "é minha mãe, não devo fazer isto", e imaginasse que era assim que todas elas procediam com os filhos, não podia fugir à embriaguez de seu perfume, nem à força de sua presença feminina. Era eu, eram os meus dezesseis anos em fúria que acordavam àqueles simples gestos de mulher. Tudo o que eu podia supor como atributo de uma fêmea, sua irradiação morna, seu contato macio e atraente, seu cheiro de carne e de segredos conjugados, ali se encontrava junto a mim, e a mãe que durante dezesseis anos eu não conhecera em vão invocava naquele instante, em vão repetia o seu nome, e dizia-lhe a responsabilidade e o respeito, a ternura e a

> *veneração – cego, perdido, tudo se aniquilava no fundo do meu ser arrepiado e em confusão. Os dedos iam e vinham e eu, tenso, esforçava-me ao seu lado para não submergir definitivamente, quando ela, atraindo-me, colocou minha cabeça sobre o seu seio . . .*
>
> *Pobre Nina, ainda aqui não havia em sua personalidade senão instinto: no esforço de submeter – o que era para ela como a própria vida – atravessava fronteiras e atingia em cheio o proibido. Não sei então o que se passou, mas uma total obscuridade se fez em meu pensamento e, levado por uma força que não conseguia reprimir, ergui a cabeça e beijei-a entre os seios – não um simples beijo, mas uma mordida quase, um beijo furioso, perdido, mortal, como só o podem dar os adolescentes feridos de improviso pela descoberta do amor. Ela o aceitou e não fez nenhum movimento, como se se tratasse apenas da homenagem um pouco mais ardente de um filho . . .*
>
> *— Ainda não pude enxergá-lo — disse-me com voz um pouco insegura e que não era comum às atitudes sem dubiedade. — Acenda a luz, quero vê-lo no claro.*
>
> *A claridade inundou o quarto pelo seu simples olhar – um peito turvo, uma expressão de oferta – percebi que ela sabia tudo, e que ambos enveredávamos por um caminho que não era mais o da inocência. (Cardoso, 2009, pp. 195-203)*

Entremeados no meio deste turbilhão emocional, podemos pinçar testemunhos de André em que se reconhecem ecos da pré--concepção do seio. Vejamos:

> *Aproximava-se a hora em que não haveria mais nenhuma barreira, nenhum juramento, e eu poderia satisfazer*

> *completamente a minha curiosidade. Que digo eu? A minha paixão. Quando estivéssemos a sós, e sem dúvida chegaria esse momento inefável, diria como a conhecia há muito, e como sempre percebera sua presença circular em torno de mim. (Cardoso, 2009, p. 226)*
>
> *— Torne a me chamar de Nina — pediu ela em voz baixa.*
>
> *E eu repeti: Nina. Não sei por que aquilo me fez sentir como se fosse a repetição de uma cena antiga, e outra boca soprasse através da minha o som daquela voz. (Cardoso, 2009, p. 280)*

No capítulo 26 do livro, temos uma descrição emocionante da epifania sexual cuja apreciação requer, a meu ver, o clima intimista de uma entrega estética, algo que transcende este recorte textual. No entanto, não conseguiria terminá-la sem reproduzir um pequeno trecho deste clímax existencial:

> *Inclinando-me, senti que ela se achava tão junto a mim que bastava voltar a cabeça para tocar-lhe o rosto. Foi o que fiz, e nossos lábios se uniram de novo. Decerto um lado da minha consciência permanecia em sombra, se bem que eu sentisse como uma carga presente, mas intocável – e de que valiam naquele momento os restos de consciência que me sobravam, se pela primeira vez tinha diante de mim, palpitante e submisso, aquele corpo que em segredo eu tanto desejara?... Ah, e nem posso dizer que não tremesse e não suasse ante a extensão do meu pecado, pois repetindo mil e mil vezes que afagava e mordia a carne que me concebera, ao mesmo tempo encontrava nisto um prazer estranho e mortal, e era*

> *como se debruçasse sobre mim mesmo, e tendo sido o mais solitário dos seres, agora me desfizesse sobre um enredado de perfume e de nervos que era eu mesmo, minha imagem mais fiel, minha consciência e meu inferno. (Cardoso, 2009, p. 283)*

12. Humor: a desforra de plantão

Apesar da questão dos destinos da dor mental ter perpassado todo o livro, creio ser necessário nos determos num recurso profano utilizado casualmente pelos humanos, quando assolados por seus sofrimentos: refiro-me à magia do humor.

Segundo Chico Anysio (1973):

> *O humor acusa, satiriza, descobre, desmoraliza, critica, eleva, deforma, informa, destrói, constrói, imortaliza, enterra, acaricia e açoita. Mas, sendo ele o irmão mais próximo da poesia, faz com que todos os humoristas tenham direito a uma carteira de poeta, e dá aos poetas um diploma de humorista.*

Na visão do historiador Elias Thomé Saliba (2018):

> *O tema do humor compõe uma autêntica galáxia: pode ser verbal, corporal, lúdico ou espetacular; pode exprimir uma experiência puramente subjetiva ou atender*

> *a propósitos comunicativos; pode nascer tanto de uma burla risível entre amigos quanto pode elevar-se a uma comédia de Molière; pode brotar espontaneamente como técnica de interação social ou profissional; pode gerar catarse ou catexia; enfim, pode servir tanto para cativar, ironizar, parodiar, zombar, acariciar, desmoralizar – ou simplesmente para matar o tédio. Tudo recoberto com o álibi e pretexto da simples diversão: mas para os que vivem a história, tudo se justifica pelo riso – enquanto, para o intérprete, a diversão é o manto que cobre inúmeros códigos sociais, enchendo-os de opacidade. (p. 11)*

Quando se trata do humor, Freud é sempre lembrado por seu livro *O chiste e sua relação com o inconsciente*, de 1905, e seu pequeno texto "O humor", escrito para ser apresentado em setembro de 1927 no X Congresso da Associação Psicanalítica Internacional em Innsbruck.

No livro, malgrado a ênfase inicial por ele atribuída à importância do humor na liberação de prazer, bem como ao parentesco funcional entre o "trabalho do sonho" e o "trabalho do gracejo", é só ao final que enfatiza o papel do humor na substituição econômica, empreendida pelo psiquismo quando confrontado com um transbordamento de afetos. Nos exemplos das emoções "economizadas", ele cita "a compaixão, a raiva, a dor, a ternura etc.", mas fica patente que esse recurso está umbilicalmente ligado ao alívio de toda e qualquer modalidade de sofrimento e, portanto, esteve implícito ao longo de todo o livro.

Freud logo nos faz uma advertência (que, no fundo, não deixa de ser também um plano de investigação): que temos de diferenciar os processos psíquicos envolvidos na *construção* do gracejo (o trabalho do gracejo) dos processos psíquicos envolvidos em permitir a *penetração* do gracejo (o trabalho de compreensão), corroborando a importância que pretendemos destacar à interação entre o eu e o outro. Essa interação foi explicitada por Birman, com rara felicidade, como demonstrado por Kupermann (2003):

> *O movimento pulsional, que tem como tendência original a descarga, ao encontrar um Outro que possa acolhê-lo, nomeando-o e oferecendo a ele um universo possível de objetalidade, estabelece ligações que o farão retornar em direção ao organismo. De pura atividade, o movimento pulsional sofre assim uma transformação para a passividade, constituindo no organismo indiferenciado um corpo-sujeito – o ego da realidade original – que se configura como o "conjunto de marcas impressas* sobre e no *organismo pela inflexão promovida pelo Outro". (p. 134)*

Os esforços de Freud e de seus seguidores conseguiram assinalar vários mecanismos essenciais ao processo humorístico como a condensação, o deslocamento, o contraste, a compressão econômica, a geração de espanto e iluminação, e assim por diante, mas, a meu ver, ainda não conseguimos atingir o cerne metapsicológico do "trabalho do gracejo". Encontrei, no entanto, uma formulação sobre a gênese da criação sublimatória, associando-a à "dialética" entre o ego ideal e o ideal do ego que, acredito, nos ajude a esclarecer a metapsicologia do gracejo:

> *A instância ideal, uma vez constituída, porta em si mesma uma marca de alteridade, representando o próprio fracasso da homeostase pretendida pelo corpo narcísico, e desempenhando, além disso, uma função de mediadora do incessante movimento pulsional no encontro de objetos de satisfação no âmbito da relação com o Outro,*

> *permitindo assim o movimento do psiquismo no sentido da modulação de suas frustrações e da busca de suas realizações. É sobretudo a instância ideal que permite ao aparelho psíquico fantasiar, imaginar e mesmo investir desejantemente um tempo futuro, podendo ser considerada a inscrição, a partir do reconhecimento por parte do ego da sua própria finitude, de uma modalidade de temporalidade no psiquismo, na forma de um projeto de realização provocado na direção de seu ideal. "Ainda não sou, mas posso vir a ser" seria uma enunciação possível propiciada a partir da constituição da instância ideal. Tratar-se-ia, nesse caso, de uma incitação ao movimento criativo sublimatório. (Kupermann, 2003, pp. 111-112)*

Talvez o melhor exemplo prático do resultado desse processo seja aquele oferecido pelo próprio Freud, em que desponta a "forma desviante" da palavra como a alma do gracejo. Um personagem modesto na peça de Heine, *Os banhos de Lucca*, conta ter sentado ao lado do barão Rothschild e de ter sido tratado por ele com naturalidade – muito "familionariamente". O efeito dessa condensação produtora de um neologismo autodenunciante deixa patente que o psiquismo de seu autor escancarou a sua pretensão de se vangloriar de algo inexistente, expondo-o ao ridículo.

Segundo Freud, Fisher, ao ilustrar a relação dos gracejos com o cômico, com ajuda da caricatura, afirma que: "Se [aquilo que é feio] ficar escondido, ele deverá ser exposto sob a luz do viés cômico, se ele não for notado, ou só de passagem, deve ser reapresentado e tornado visível à luz do dia. Seria esta a função da caricatura" (p. 10). Guardadas as devidas proporções, isso deixa entrever que, até na tentativa de divulgar atrocidades com certa parcimônia, o humor pode ajudar.

Em resumo, o humor manipulado com ética e sensibilidade "é uma espécie de filtro que se interpõe entre as durezas da vida e o coração; uma estratégia para reagir ao sofrimento, o humor não altera o mundo, apenas o torna momentaneamente amigável mesmo que, para isso, tenha que dobrar, torcer ou virar do avesso todo o universo" (Saliba, 2018, p. 35).

Um contraponto útil ao nosso tema nos é fornecido pelo curioso testemunho de um desafio retórico, conhecido como *As lágrimas de Heráclito*, ocorrido em 1674 na Academia Real de Roma, onde lançou-se o desafio de se estabelecer o que seria mais elogiável, se o riso de Demócrito, que de tudo zombava, ou o pranto de Heráclito, que por tudo chorava. Nessa disputa acadêmica, coube ao padre Girolamo Cattaneo, o primeiro a falar, o elogio do riso, tocando ao padre Antônio Vieira a defesa das lágrimas. Ouçamos A. Vieira (2001):

- "A dor moderada solta as lágrimas, a grande as enxuga, as congela e as seca. Dor que pode sair pelos olhos, não é grande dor; por isso não chorava Demócrito. E como era pequena demonstração da sua dor não só chorar com lágrimas, mas ainda sem elas, para declarar-se com o sinal maior, sempre se ria." (p. 115)
- "Quanto à força e eficácia de persuadir, muito mais fortemente apertava e persuadia Heráclito chorando que Demócrito rindo; porque quem ri, atenua e alivia os males; quem chora, os acrescenta e faz mais sensíveis e pesados; quem ri, mostra que são dignos de zombaria; quem chora, prova que são dignos de lástima; quem ri por exemplo e por simpatia, move a rir; quem chora por exemplo e com razão, ensina a chorar; por que se os meus males são tais que movem a contínuas lágrimas nos outros, quanto mais os devo eu chorar, pois os padeço?" (p. 133)

- "Nasce o homem, diz Plínio, já chorando, e, sem outra culpa mais que haver nascido, fica condenado a perpétuo pranto, começa a vida e o pranto juntamente, para que saiba que, se vem a este mundo vem para chorar: o demais aprenderá depois, porque é arte; para o pranto nasce já ensinado, porque é natureza." (p. 145)

13. Sentimento, linguagem e pensamento: a "grande simplicidade" em Bion

Uma grande simplicidade só é extraída
de um momento intenso
ou mediante anos de esforço inteligente.
Ela representa uma das mais árduas
conquistas do espírito humano:
o triunfo do sentimento e do pensamento
sobre o pecado natural da linguagem.
T. S. Eliot (In Ricks, 1993, p. 47)

Introdução

Apesar de Bion nunca ter citado a frase de Eliot, temos motivos para pensar que ele a "conhecia" desde sua infância, como podemos inferir por meio das referências às suas "cidades" particulares. De fato, Bion nos conta em sua autobiografia como sua imaginação se esforçava para compreender o significado estranho de duas cidades: a eletri-*cidade* e a simpli-*cidade*.[1]

1 Eis um bom exemplo da confusão propiciada pela vulnerabilidade da linguagem na expressão de conceitos abstratos. Quando a palavra designa objetos concretos

Bion, algures, expressou a seguinte conjectura imaginativa: "A inveja está à espreita, unicelular, prestes a tornar-se maligna". Muito denso, mas extremamente simples. (Em sua simplicidade, essa frase lembra-me de um enunciado poético a respeito da noção de futuro: "Há um cão cheirando o futuro"). Com oito palavras (na versão inglesa), Bion nos abre uma porta a um amplo universo psicanalítico: somos introduzidos à inveja, talvez a mais forte das emoções humanas; somos lembrados da importância da passagem do tempo no manejo da frustração; nossa atenção é dirigida sobre a figura do "*at-one-ment*" (uni-fic-ação) como alguma coisa em contraste com o narcisismo; e, finalmente, somos confrontados com o efeito tóxico do não pensar.

É possível que Bion tenha necessitado de anos de esforço inteligente para chegar nessa frase, mas prefiro pensar que ele a tenha esculpido num momento intenso em vez de modelá-la ao longo do tempo, como Adrian Stokes (1963) poderia dizer. Malgrado sua crueza, a formulação de Bion é esperançosa, já que abre nossos olhos para alguma coisa que precisa ser modificada, um vértice diferente daquele adotado por Beckett quando diz que "a memória e o hábito são atributos do crono-carcinoma", uma sentença que soa como um epitáfio ou uma condenação.

Todos aqueles que estudaram a obra de Bion sabem quão importante era para ele esta tríade: sentimento, linguagem e pensamento. De fato, eles são muito interligados, na medida em que contribuem para as maiores aquisições do espírito humano: o pensamento e a

---

é sempre possível fazer uma correlação imediata, como nos confessa Santo Agostinho (1987) ao descrever sua aquisição da linguagem: "via e notava que davam ao objeto, quando o queriam designar, um nome que eles pronunciavam. Esse querer me era revelado pelos movimentos do corpo, que são como que a linguagem natural a todos os povos e consiste na expressão da fisionomia, nos movimentos dos olhos, nos gestos, no tom da voz que indica a afeição da alma quando pede ou possui e quando rejeita ou evita."

comunicação. Se considerarmos como pano de fundo sua original teoria do pensamento, poderíamos conjecturar que o sentimento e a linguagem são fatores extremamente importantes da função pensamento. Visando clareza expositiva, tratarei dessas categorias separadamente, lembrando, porém, que na situação viva elas estão sempre misturadas ou até confundidas, como foi descrito por Beckett (1968):

> *Trata-se de um fluxo ininterrupto de palavras e lágrimas. Sem qualquer pausa para reflexão . . . é difícil para mim julgar. Se eu pudesse, as pausas seriam mais longas, entremeando as palavras, as sentenças, as sílabas, as lágrimas, eu as confundo, palavras e lágrimas, minhas palavras são minhas lágrimas, meus olhos minha boca (p. 111).*

No prefácio de *The Long Week-End*, Bion (1982) anuncia sua intenção de ser "relativamente verdadeiro" e de conseguir "formular os fenômenos tanto quanto possível em proximidade aos númenos", sabendo que suas chances de atingir essa ambição seriam maiores "caso eu escreva sobre a pessoa que eu conheço melhor do que qualquer outra – eu mesmo" (p. 8).

Sentimentos

> *O segredo da vida é recusar toda emoção*
> *que não seja conveniente.*
> Oscar Wilde

No começo de sua biografia, somos introduzidos aos temores infantis vividos por Bion na Índia, ligados não somente a seus conflitos familiares, mas também a um meio ambiente pleno de agruras e de exotismo. Tendo em vista acomodar tais sentimentos conflituosos, ligados primordialmente às contradições que eram impingidas por seus pais, ele modelou um continente que nomeou "*Arf Arfer*", uma espécie de condensação linguístico-emocional de "*Our Father which art in Heaven*" ("Pai nosso que estais no céu").

Essa imagem respiratória evocava a reação irada de seus pais ao seu comportamento teimoso, mas também o riso peculiar dos adultos que desprezam as perguntas exploratórias que as crianças insistem em fazer. Logo, "*Arf Arfer*" ficou equacionado na mente infantil de Bion com uma ferocidade animal, por vezes aparecendo sob a forma de um grande pássaro com asas negras, às vezes sob a forma dos uivos dos chacais que faziam gelar o sangue de todos. Essas figuras assustadoras invadiam também a sua intimidade, por exemplo, quando nos conta que às vezes em seus sonhos parecia que escutava *Arf Arfer* arfando.

Apoiando-se no episódio da "Caçada de Aniversário", no qual o menino Bion ficou apavorado com os gemidos de uma tigresa que estava procurando o seu companheiro que fora morto, Meg Harris Williams (1985) descreve "*Arf Arfer*" como um personagem de pesadelo orquestrando uma mescla "de imagens sugerindo armadilhas, túmulos uterinos, nascimentos falsos, fetos aprisionados ou mutilados, num padrão contínuo de recriminação mútua entre continente e contido" (pp. 35-39). Esse episódio pode ser considerado um ponto de mudança catastrófica em sua vida, na medida em que seus elementos vão sendo expandidos e repetidos ao longo de seus livros autobiográficos.

Como sabemos, aos 8 anos Bion foi enviado ao Bishop's Stortford College, na Inglaterra, descrevendo-nos seu doloroso processo de adaptação a uma realidade completamente nova e solitária na qual aprendeu a valorizar aquela hora bendita em que podia se enfurnar na cama, cobrir a cabeça com os lençóis e chorar. Naqueles dias ainda vitorianos, o "sexo era um problema" criado principalmente em função de regras religiosas e legais, coincidentemente os mesmos dispositivos propugnados para sua solução.

Ele nos relata um episódio com um colega de quarto que, uma noite, tentara abusar dele sexualmente, mencionando a sensação de tédio e o anticlímax que o invadiram, impedindo uma melhor percepção do que estava acontecendo. Anos mais tarde, no curso de sua análise pessoal, conseguiu reconhecer sua incapacidade para lidar com culpa e frustração, e como isso teria contribuído para despertar um ódio e uma aversão em relação à sexualidade. Em *Second thoughts* (1967), Bion expressou um raciocínio franco considerando que deve existir algo de errado com um Criador que cria o sexo e não nos permitindo exercê-lo a não ser numa data inespecífica de um futuro distante.

Em suas *War Memoirs* (1997), "Bion, o herói" nos descreve duas situações dramáticas nas quais subitamente se deu conta que dois companheiros ao seu lado tinham sido atingidos e estavam morrendo inapelavelmente diante de sua impotência e perplexidade. Com certeza isso constituiu um outro ponto de mudança catastrófica para ele, levando-o a vituperar contra a Mãe Inglaterra ("a puta velha"), "que pretendia satisfazer suas ambições infantilizadas às custas de nos jogar no inferno e de trazer a desgraça para tantos lares" (p. 127).

Outra experiência muito perturbadora na vida de Bion foi a morte de sua esposa Betty durante o nascimento de Parthenope, que ele não presenciou por estar ausente. Amplificado por sua experiência de guerra, esse fato reforçou sua "mentalidade dinossáurica", por meio da qual ele constituiu um falso exoesqueleto, que o deixou embotado e insensível. Ele vivenciou o ápice desta crueldade num dia em que sua filha ainda bebê, órfã de mãe, chorava no jardim clamando por ele, o qual, sentindo-se como que prensado num torno mecânico, decidiu não a tomar em seus braços. A partir daquele momento, ele nunca mais se esqueceu das palavras de Shakespeare: "Ninfa, que meus pecados sejam relembrados em tuas orações" (Bion, 1985, p. 70).

Após esse breve vislumbre do aprendizado de Bion a respeito de sentimentos por meio de suas experiências pessoais, consideraremos agora a conjunção deste patrimônio com suas ideias emanadas da experiência psicanalítica. No início de *Atenção e interpretação* (1970), ele expressa sua convicção de que "somente um psicanalista praticante pode compreender este livro, malgrado meus esforços para torná-lo simples" (p. 1). Mas, qual seria o segredo de um psicanalista praticante? Poderia ser a oportunidade, juntamente com seus analisandos, de realizar (nos termos de Bion) o casamento do sentimento e do pensamento sem recorrer ao "pecado natural da linguagem" – o jargão que está sempre esperando para dar o bote.[2] Ou, também, a chance de neutralizar a razão no seu papel de escrava das emoções, sempre prestes a racionalizar a experiência emocional: em resumo, o ódio e o amor "penetram", enquanto a "banalidade" não (Bion, 1991, p. 149).

Bion discute a configuração de alguns pacientes nos quais uma dor intensa é sexualizada e equiparada com frustração: em consequência disso, a pessoa sente dor, mas não a sofre. Paul Federn (1952) já havia mencionado essa dissociação em um trabalho a respeito das respostas do ego à dor, sugerindo que somente as dores incorporadas no interior das fronteiras do ego são passíveis de serem sofridas. Como sempre, Bion tenta explicar essa configuração numa forma narrativa usando imagens da categoria C da Grade:

2 Civitarese (2008) entende o pensamento como uma emoção à qual se confere uma forma, ressalvando ser a emoção o material que absorve o carimbo da realidade, em função de seu caráter indiferenciado próximo do corpóreo, ou seja, do somato-psíquico.

> *O paciente sente a dor da ausência do preenchimento de seus desejos. O preenchimento ausente é experimentado como uma "não coisa". A emoção despertada pela "não coisa" é sentida como indistinguível da "não coisa". A emoção é substituída por uma "não emoção". Na prática isso pode significar a ausência total de sentimentos, ou uma emoção, como a raiva, que é uma emoção coluna 2, quer dizer, uma emoção cuja função fundamental é a negação de outra emoção. (Bion, 1970, pp. 19-20)*

Implícita nessa passagem está a importância atribuída por Bion (1962), em linha com Freud, em relação à tolerância à frustração como uma "qualidade primitiva profunda" (p. 28) associada com o pensamento. Em um contexto diferente, ou seja, uma carta dirigida a seus filhos, ele lhes fala sobre a naturalidade da depressão e do fracasso, alertando-os a respeito do alto preço que qualquer ser humano pagará ao tentar evadir-se deles (Bion, 1985, p. 180). No fundo, é uma exaltação do respeito à realidade, pois, como disse Sêneca: "O Destino guia quem consente e arrasta quem recusa".

Na visão de Bion, o medo e o ódio se impõem fortemente, de modo a chamar a atenção do "*self* desconhecido" que esboça uma "solução" prematura e precoce, a saber, a mobilização de sentimentos de ódio e medo contra o próprio ódio e o próprio medo. A abolição de sentimentos pode causar um ódio do senso de irrealidade: em outras palavras, não podemos temer sentir medo nem temer sentir ódio (Bion, 1992, p. 318).

De qualquer modo, a psicanálise está sempre buscando transformações que estejam envolvidas no gerenciamento da experiência emocional: sua tarefa não é adquirir cura, mas, como aprendemos com Hamlet, "ensinar como sofrer".

Clinicamente, no dizer de Bion (1965, p. 32), o psicanalista tenta ajudar o paciente a transformar aquela parte de uma experiência emocional da qual ele está inconsciente numa experiência emocional da qual ele esteja consciente. Mediante os conceitos de invariância e mudança de vértice, Bion forneceu uma importante contribuição à compreensão do extenso funcionamento "multimídia" da psique humana. De fato, quando tentamos lidar com nossas experiências emocionais, utilizamos uma variedade de recursos que, no fundo, nos levam a pensá-las ou a evacuá-las.

Uma de suas conjecturas mais interessantes diz respeito à distinção entre os desenvolvimentos "geométricos" e "aritméticos": ele associa o desenvolvimento geométrico de pontos e linhas com a presença ou ausência, existência ou não existência de um objeto, que pode levar à depressão; o desenvolvimento aritmético está associado com o estado do objeto, se está íntegro ou fragmentado, objeto total ou objeto parcial, podendo gerar ansiedades persecutórias (1965, p. 151).

Bion propõe o termo "premonição" como um precursor dos sentimentos, usando o termo "pré-concepção" como um conteúdo ideativo a ser classificável no eixo vertical da Grade. Como a emoção reconhecida pelo analisando é em geral "dolorosamente óbvia", o analista precisa usar suas deduções intuitivas de modo a antecipar a apreensão do sentimento, evitando uma dor desnecessária. Se a dor for insuportável, a mente cultiva a fantasia de um objeto autocontraditório, aquele que existe somente para detectar sua não existência: clinicamente, a psique nessa condição fica mutilada de seus conceitos de espaço e tempo, mergulhando num estado de não emoção.

Além disso, é importante que o analista esteja cônscio de que sutis expressões de sentimentos podem ser perdidas se as ideias pelas quais eles são expressos forem erroneamente consideradas como a parte principal da comunicação (Bion, 1963). Ao considerarmos, por exemplo, o termo alemão *Schadenfreude*, é importante compreendermos sua expressividade como a do sentimento secreto de alegria experimentado por alguém diante da desgraça alheia: sutil e simples.

Linguagem

> *As palavras do louco são mais*
> *"prósperas" que as do são. . . .*
> *a loucura de Hamlet é mais poética,*
> *mais sugestiva, mais evocativa,*
> *mais orgulhosa de seus dons e talentos*
> *verbais que a mera sanidade.*
>
> Phillips (2005, Parte 1)

Bion (1955) percebeu que o esquizofrênico usava a linguagem de três maneiras: como um tipo de ação, como um método de comunicação e como um tipo de pensamento. Como um tipo de ação, a linguagem pode empregar as palavras como coisas, ou como partes excindidas da personalidade a serem forçosamente colocadas no interior do objeto, ou destinadas a cindi-lo. A cisão intensa no esquizofrênico dificulta a aquisição da simbolização, bem como o uso de substantivos e verbos. Isso ocorre primordialmente em função do ódio que o paciente desenvolve contra o pensamento verbal, já que, ao aprimorar sua percepção da realidade psíquica, isso pode mobilizar sentimentos depressivos ligados à destruição e à perda de objetos bons.

A integração das palavras mediante o pensamento verbal é um processo muito mais complexo no esquizofrênico, pois as palavras são vividas como objetos concretos. Bion cita como exemplo um paciente que, ao falar de uma dificuldade em seu trabalho, usou a palavra "selexual": tendo reagido com um gesto de impaciência raivosa, Bion lhe indagou o que se passara e ele respondeu, que não tinha sido nada, além de duas palavras que se encavalaram tornando-se sexuais. Como vemos, a mente psicótica expulsa como um mero corpo estranho aquilo que exige do poeta, ou do escritor, um grande esforço de formulação.

Beckett (1983), por exemplo, ao louvar as encenações linguísticas de Joyce, escreveu:

> *Sua escrita não é* sobre *alguma coisa; ela é a* coisa em si. . . . *Quando o sentido é sonolento, as palavras adormecem. Quando o sentido é dançarino, as palavras dançam. A palavra é ébria. As próprias palavras sofrem inclinação e efervescência. Como poderíamos qualificar esta vigilância estética geral, sem a qual não podemos aspirar a apreender o sentido que está continuamente emergindo à superfície da forma, tornando-se a própria forma? (p. 27)*

O próprio Beckett, como sabemos, foi atendido por Bion na Tavistock na década de 1930 e, como sugere Simon (1988), podemos considerar que aquele encontro tenha gerado uma peculiar *Gestalt* de forma e conteúdo, incluindo "uma disposição a experimentar, 'brincar', transgredir, chegar nos limites, além de expressar a convicção profunda da absoluta necessidade de explicitar todas as implicações de suas ideias" (p. 22).[3]

3 Podemos apreender melhor a noção de "trabalho onírico alfa" de Bion confrontando este enunciado com aquele de Marjorie Perloff (1996) em relação ao estilo de Wittgenstein de entrecruzar o seu pensamento em várias direções. Ela acredita que estes "cruzamentos" são a única forma de intensificar o pensamento e "é por isso que o texto de Wittgenstein é anedótico e aforístico, repetitivo e

Ao longo de suas obras, Beckett e Bion usaram as palavras de modos contrastantes. Beckett desenvolveu gradualmente um projeto para construir uma literatura da despalavra e uma poética da impotência, algo que ironicamente ele denominou "*work in regress*", o equivalente ao poderoso "*work in progress*" de Joyce. De qualquer modo, Beckett sempre cunhou palavras compostas, como "*fécontentement*", uma palavra-valise francesa em que as noções de infelicidade e fecalidade estão fundidas; ou "*womb-tomb*" (útero-túmulo), uma palavra para expressar o maior enigma da vida humana, aquela realidade que catapulta todo ser humano do nascimento direto para a morte.[4] Ele estava sempre em busca de palavras "contendo a clareza inevitável da inarticulação primitiva", ou "a economia selvagem dos hieróglifos", e possuidoras de uma tal vivacidade que "elas vão abrindo espaço na página através de cotoveladas, cintilando, brilhando, descorando e desaparecendo" (Beckett, 1983, p. 28). Para Beckett, em resumo, a "grande simplicidade" representava o triunfo do sentimento e do pensamento sobre o pecado original de ter nascido (Ricks, 1993, p. 47).

Bion (1980) estava plenamente cônscio de que a linguagem humana não passava de uma "artimanha da moda" (p. 47), e sua aspiração era encontrar "uma linguagem que seja penetrante e durável" (p. 60), capacitando-o a poder "comunicar o *non-sense* puro, sem contaminação pelo *sense* [em sua dupla conotação de significação e sensorialidade]" (Bion, 1979, p. 1). Inspirado em Keats, ele a nomeou de "linguagem de êxito", explicando que ela incluía "a linguagem que é tanto um prelúdio para a ação quanto em si mesma um tipo de ação" (Bion, 1970, p. 125). Um bom exemplo

---

disjuntivo, didático e lúdico, autoafirmativo e autodestrutivo)". Isso bem poderia ser uma descrição das cogitações de Bion, o local onde seu próprio "trabalho onírico alfa" se impôs com vigor.

4 Algures em sua obra, Bion descreve o nascimento e a morte como a "perspectiva revertida" do mesmo processo ou como "o mesmo instinto em direções diferentes".

seria o termo *macilento*, que Bion emprega para descrever os fatores da função alfa (atenção, julgamento, memória, imagem pictórica) na personalidade psicótica (Bion, 1992, p. 53). O velho adjetivo significa emaciado, ou mesmo "descarnado"; é possível que Bion tenha resgatado o termo "macilento" de suas memórias infantis, ou seja, do mantra que um colega de escola repetia ritualisticamente como uma forma de autodefesa: "Varas e pedras podem quebrar meus ossos,/ As palavras, porém, não me ferem". Tão simples e tão verdadeiro. Se Bion usa o termo apoditicamente, não compartilhando sua proveniência com o leitor (Grotstein, 2007), isso pode nos causar um desconforto, mas logo passamos a perceber que as palavras que ele usa aproximam-se sempre da *le mot juste*. O verbo *obtrude* (do latim *obtrudere* = introduzir), significando introduzir algo forçado ou indevidamente, é usado por Bion em vários contextos, incluindo a situação estratégica na qual algo óbvio se impõe sem ser percebido, ou mesmo aqueles momentos nos quais algumas personalidades se intrometem em situações grupais (Bion, 1980, p. 61).

Na experiência clínica de Bion, o analista deveria suportar sua ignorância em relação às configurações emocionais dos pacientes e, ao detectar um padrão de elementos constantemente conjugados, deveria "amarrá-los" e a seguir encontrar a palavra para marcar a conjunção constante: entenda-se que essa palavra pode ser encontrada de imediato, por exemplo, mediante a emergência de um fato selecionado, ou então pode ser um processo vagaroso de sedimentação de significado ao longo da análise. O analista, no entanto, precisa estar cônscio de suas vulnerabilidades no uso das palavras, pois, como nos alerta o Eclesiastes, "os sonhos advêm do excesso de preocupações e as vaidades do excesso de palavras".

Em *Uma memória do futuro* (1991), por exemplo, quando PA (Psicanalista) usou o jargão "endopsíquico", Alice se insurgiu de imediato: "Será que os colegas compreendem esta linguagem? Às vezes as conversas nas quais eles participam parecem se transformar num intercâmbio de jargões que se descola do significado subjacente; torna-se uma espécie de casca mental, como uma pele abandonada por uma cobra" (p. 523). A essa objeção PA explica que, para se defender de seu *Jargonificador Satânico*, "Vi-me obrigado a pedir asilo na ficção. Disfarçada como ficção, a verdade ocasionalmente consegue aparecer" (p. 302).

Frequentemente a tarefa do analista é nomear o inominável. Aliás, Didier Anzieu lembra-nos que Bion introduziu a expressão "pavor inominável" na mesma época que Beckett escreveu *O inominável*, um livro que possui um título paradoxal: ao nomearmos alguma coisa desconhecida, escolhe-se um substantivo que designa a ausência de qualquer nome. Esse livro representa para Bekett uma completa desintegração: "Nada a respeito de 'eu', nada a respeito de 'ter', nada a respeito de 'ser' – nada de nominativo, nada de acusativo, nada de verbos".

Para enfrentar essas situações paradoxais, Bion se socorre de dois artifícios: a mudança de vértices e a reversão de perspectiva. A palavra chocante (*awful*), por exemplo, está sempre embebida com um sentido de "cheio de espanto" (*full of awe*), e ele nos conta de um paciente seu que estava ressentido com a própria incapacidade de satisfazer sua grande necessidade de sentir reverência e espanto em relação a alguém ou a alguma coisa (1992, p. 292). Outro exemplo é a inversão que Bion propõe em relação à importância do senso comum quando diz que, em respeito ao poder de comunicação dos mitos, poder-se-ia atribuir a eles a qualidade de serem "insensatezes corriqueiras" (*common non-senses*) (1992, p. 186). Por outro lado, Bion e seu senso de humor estão sempre alertas às aberrações linguísticas, como esta denunciada por Roland:

> *PA – "Cura" é uma palavra que, como "doença" ou "enfermidade", é tomada emprestada dos médicos e cirurgiões*

> *para dar conta de nossas atividades de um modo que seja compreensível.*
>
> *Roland – Espero que você não assassine a língua introduzindo monstrengos como "anticorpos". (1992, p. 541)*

A configuração ♀♂ (continente-contido), quando aplicada a uma palavra e seu significado, ou vice-versa, demonstra que o resultado final depende do vínculo prevalente entre eles, ou seja, se é comensal, simbiótico ou parasítico. Por exemplo, se alguém está tentando expressar sentimentos poderosos com um aparato linguístico insuficiente, o desequilíbrio pode produzir uma gagueira ou um balbuciar incoerente de palavras, ou ainda, como cita Stevens (2005), uma sequência de palavras mutiladas, como as proferidas por Murphy (personagem de Beckett):

> *Ela (Célia) se sentiu, como frequentemente sentia com Murphy, salpicada com palavras que agonizavam tão logo eram pronunciadas: cada palavra era destruída antes que pudesse fazer sentido pela palavra seguinte: deste modo, ao final, ela não sabia o que tinha sido dito. Soava como uma música difícil ouvida pela primeira vez (p. 16).*

Bion encontrou na poesia aquela linguagem "penetrante e durável" de que necessitava, e acreditava tanto em sua aplicabilidade clínica que, antes de morrer, estava começando a organizar uma antologia poética para psicanalistas.[5] Em *Uma memória do futuro*, ele alerta para o quanto nós, psicanalistas, precisamos ser cautelosos a respeito da verdade científica:

---

5 Segundo Wittgenstein, a filosofia devia ser escrita como uma composição poética, para nos ajudar a nos safar de enigmas linguísticos.

> *O mais próximo que o par psicanalítico chega de um "fato" é quando um ou outro tem um sentimento. Comunicar este fato para uma outra pessoa é uma tarefa que intrigou cientistas, santos, poetas e filósofos desde que a raça existe. "As ninfas e os pastores já não choram, não chorem, pois, tristes fontes" – poderiam existir enunciados mais simples, gramáticas ou vocabulários menos obscuros? No entanto, estas palavras produziram um efeito poderoso em gerações de pessoas. (Bion, 1991, p. 536)*

Aqueles familiarizados com o trabalho de Bion sabem quão devedor ele se sentia em relação a Shakespeare, Milton, Coleridge, George Herbert, Keats e muitos outros, porque estava plenamente convencido de que, "em poesia, não há sentimentos certos ou errados, mas somente sentimentos reais ou irreais (pseudidade), e o mesmo ocorre em psicanálise", como Meg Harris Williams (2009) nos lembra. Todo o trabalho de Meg, é bom lembrar, tem sido dedicado a estudar as origens literárias do modelo pós-kleiniano da mente, com ênfase em Bion e Meltzer.

Os poetas, como sabemos, possuem a expressividade inspirativa para instilar simplicidade nas profundezas da alma humana. Consideremos como exemplo o oximoro "um facho de intensa escuridão", usado por Bion ao referir-se à famosa advertência de Freud de que o analista deveria se cegar artificialmente. Em *Uma memória do futuro* existe um interessante diálogo a esse respeito, onde o psicanalista refere-se ao "facho penetrante de escuridão" de Freud e (São) Paulo cita Gerard Manley Hopkins, um dos poetas favoritos de Bion:

> *PA – . . . "Um facho penetrante de escuridão" é o que eu gostaria de usar para iluminar aquilo que Freud chama de áreas obscuras da mente.*

> *Paulo – "Poste-se como olhos encaramujados duplamente escurecidos", como nos diz Gerard Manley Hopkins, "e encontrarás a luz ainda não criada".*

Hopkins foi um dos poetas favoritos de Bion, seja por sua técnica, seja por sua temática. Sua poesia possuía grande intensidade, pois ele explorou vigorosamente as qualidades sensoriais da linguagem visando expressar sua percepção da realidade do bem e do mal. Como vemos no exemplo citado, ele possuía o curioso hábito de assinalar suas ênfases, não hesitando em cunhar palavras compostas como "*silk-sack clouds*" (nuvens saco de seda) ou "*hardy-handsome*" (bonitão rústico).

Pensamento

> *Pensar é uma das doenças mais perigosas do mundo,*
> *e mata como qualquer outra doença.*
>
> Oscar Wilde

A teoria contraintuitiva do pensar de Bion, baseada no modelo do "crescimento da pérola", propõe que o "foco irritativo" representado pelos pensamentos demandava da psique a emergência de um "aparelho para pensar". Ele descreveu esse processo como a evolução das pré-concepções em direção a conceitos por meio da experiência emocional da "realização" de um novo significado. Quanto à emergência inicial de pensamentos, ele acreditava numa espécie de "pensar primitivo", que poderia bem corresponder ao processo de ideogramaticização consequente ao trabalho onírico alfa.

Freud (1900) compreendeu o pensamento como um substituto de um desejo alucinatório e, sendo os sonhos realizações de desejos, ele concluiu que somente um desejo poderia colocar nosso aparelho mental a trabalhar. Bion (1992) descreveu um tipo peculiar de desejo, uma *necessidade desejante* (*felt need*) de converter a experiência racional consciente (o verdadeiro des-conforto do paciente) em sonho: nesse sentido, os métodos do trabalho onírico alfa são a recíproca do trabalho onírico de Freud. Essa transformação em sonho ocorre mediante a produção de ideogramas capazes de ser armazenados e posteriormente desmobilizados (ou lembrados) para ser usados no pensar.

Serguei Eisenstein descobriu uma semelhança entre o princípio da montagem cinematográfica e a transformação imagética obtida pelo acasalamento de hieróglifos copulativos. A combinação de dois hieróglifos simples gera um produto de outra dimensão: a reunião de dois elementos passíveis de serem pintados permite a representação de um conceito (desenho de ouvido + desenho de porta = escutar). O ideograma, em resumo, é uma solução econômica para representar experiências emocionais, de modo a serem pensadas ou evacuadas, ou então como uma solução de compromisso entre a representação de coisa e a representação de palavra, se usarmos a terminologia de Freud.

"Bion como sonhador" nos fornece um exemplo pessoal de uma leitura noturna na qual tentava compreender um trecho da *Lógica matemática* de Quine em que a palavra "negativo" aparecia e, tirando um cochilo, teve um sonho no qual apareceu um negro. Ao acordar ele compreendeu que o sonho lhe fornecera o radical "neg" comum a negro e negativo; posteriormente, ele associou negativo com "nativos" (as "pessoas de cor inferiores" com as quais ele convivera na Índia), com "dativo", representando um tipo de presente, e com "ablativo", alguma coisa que é retirada. Tudo isso, ele conjecturou imaginativamente, estava condensado na imagem do negro que o visitou durante o sonho (1992, pp. 51-52).

Na abordagem de Bion, o pensamento consegue perceber as qualidades psíquicas, mas precisa ser trabalhado de modo a estar disponível para ser traduzido em ação, o que envolve publicação, comunicação e senso comum. A aquisição desses três fatores envolve questões técnicas e emocionais: um problema importante é a tendência à abstração nas comunicações científicas visando evitar sentimentos persecutórios associados com críticas ou indiferenças.

Voltemo-nos agora para aquela região primitiva onde as ideias são formadas na visão de Bion. Em *Uma memória do futuro*, podemos acompanhar o diálogo entre Roland (que representa o raciocínio lógico) e Du (extraído da expressão alemã usada para representar, na intimidade, o tu), o germe de uma ideia (ou de uma conjectura imaginativa) lutando para existir:

> *Roland – Você não passa de um diabinho bem feioso. Quem é você? Você não é o diabo? Seria um pesadelo? Não é um pesadelo? Você não é um fato.*
>
> *Du – Eu sou o Futuro do Passado: a forma da coisa-a-existir.*
>
> *Roland – Você não é um fantasma?*
>
> *Du – Eu gargalho feito fantasma? Que tal esses dentes? São meuzinhos. Eu me fixo à sua psique, uma espécie de psico-alojamento. É um barato. (Bion, 1991, p. 274)*

Bion representa o germe de uma ideia como alguma coisa desconhecida e assustadora que se fixa numa psique, alojando-se no seu interior como um hóspede estranho, passando-se como íntimo. Roland espanta-se com a intromissão deste personagem íntimo cada vez mais impertinente:

> *Du – Eu não passo de uma ideia sua. Se você continuar me chutando deste jeito, vai me abortar.*
>
> *Roland – Se você não passa de uma ideia, você não tem o direito de ficar saltitando – mesmo se se tratasse de*

> *uma ideia na mente de Deus. As metáforas não têm o direito de se comportar como se fossem fatos.*
>
> *Du – Palavras; palavras não têm o direito de ser cestas definitórias rígidas a impedir o meu nascimento. Eu tenho o direito de existir sem depender de um pensador pensando dia e noite. Entre aqui.*
>
> *Roland – Não, obrigado, disse a mosca para a aranha. (Bion, 1991, p. 276)*

Nesse trecho podemos acompanhar o *who's who* entre pensamento e pensar, ou melhor, podemos compreender que "o problema psicanalítico é o problema do crescimento e de sua resolução harmônica no relacionamento entre continente e contido, repetido no indivíduo, no par, e finalmente no grupo – intra- e extrapsiquicamente" (Bion, 1970, pp. 15-16). Podemos também observar como as pessoas estão sempre procurando continentes definitórios rígidos para sobreviver: Du criticava Roland por usar as palavras como "cestas definitórias rígidas", sem se dar conta de estar usando hipóteses definitórias rígidas ao se apresentar – "Sou o Futuro do Passado: a forma da coisa-a-existir". Roland, por seu turno, reconhece quão perigoso seria penetrar numa conjectura imaginativa, tão perigoso quanto cair numa teia de aranha.

O próprio Bion, como nos lembra Meg Harris Williams (2009), sabia que o analista praticante confrontado com seu paciente estava na posição de "um bebê abrindo seus olhos para fitar sua mãe", e deveria sempre olhar para as "origens primordiais da mente" com espanto e terror. Portanto, ao lermos *Uma memória do futuro*, deveríamos ter em mente tratar-se, antes de mais nada, de uma ficção ou metáfora que evoca as dificuldades dos processos de pensamento a partir de sua própria história de vida.

Já vimos o ódio que o psicótico desenvolve contra o pensamento verbal, devido a dolorosos sentimentos a ele associados: nesses casos, a personalidade escolhe atacar a percepção do conflito, e não sua gênese. Beckett, como Bion, descreve o gesto desesperado da psique que ataca sua própria capacidade para pensar em seu ensaio "Imagine a morte da imaginação" (1966), no qual tenta expressar o colapso da imaginação ao tentar descrever aquilo que o mais radical dos filósofos não conseguiu: a morte da imaginação. Eis seu começo:

> *Não há qualquer traço de vida em qualquer lugar, você diz, pah, não há dificuldade aí, a imaginação ainda não está morta, sim, morta, bem, imagine a morte da imaginação. Ilhas, águas, azuis, verdes, um olhar de soslaio e desvaneceu, infinitamente, omitidas... Não há entrada, não há como entrar, medir. (Beckett, 1966, p.)*

Bion descreve um tipo de experiência clínica na qual o paciente dizia que não conseguia pensar por estar molhado: isso foi considerado pelo analista como uma expressão de inveja e ódio geradores de ataques urinários contra o objeto. Ele acrescentou também que o paciente estava com medo de dormir, pois, para ele, isso seria equivalente à sua mente esvair-se pelo ralo: o dormir era inseparável da inconsciência, a qual, por sua vez, era equacionada com um estado de "vazio mental" (*mindlessness*), que não podia ser reparado (Bion, 1967, p. 95).

Uma situação muito similar é descrita por Beckett em *O inominável* (1968), em que as palavras não passam de elementos beta, e o próprio fluxo mental vai progressivamente se esvaziando:

> *. . . estas imagens inomináveis que possuo, estes nomes desprovidos de imagem, estas janelas que talvez eu devesse chamar de portas, ou então por algum outro nome, e esta palavra homem, que talvez não fosse adequada para a*

> *coisa que eu vejo quando a escuto... a isso chamo o escuro, ou talvez se trate de azurita, palavras vazias, mas eu as uso porque elas continuam retornando, todas elas que eles me oferecem... é uma mentira, um traço seria suficiente, testado e robusto, inesquecível, tão variado, que seria como uma palheta... é assim que acabaria, em gritos de partir o coração, murmúrios inarticulados, inventados enquanto vou adiante, sorrirei, é assim que vai acabar, num chuck, chuck, chuck, ow, ha, pa, preciso treinar, nyum, hoo, plop, psss, nada além de emoção, bing, bang, são golpes, ugh, pooh, que mais, oooh, aaah, isto é amor, suficiente, mas exaustivo. (Beckett, 1968, pp. 407-408)*

Experiência clínica

> *A única diferença entre um capricho*
> *e uma paixão eterna*
> *é que o capricho dura um pouco mais.*
> Oscar Wilde

Vou me referir agora a um material clínico para ilustrar o relacionamento orgânico entre sentimento, linguagem e pensamento. Meu analisando, a quem chamarei de Kaspar, chegou a sua sessão reclamando que a sessão anterior tinha sido "atribulada".[6] Ele teve dificuldade em explicar o tipo de desconforto que sentira e eu, por meu lado, não tinha ideia a respeito do que ele estava falando. Depois de um certo esforço ele substituiu a palavra atribulada por "truncada".

6 Escreverei toda palavra significativa mencionada pela primeira vez entre aspas, para realçar também que correspondem às palavras que foram de fato utilizadas.

Talvez cônscio da imprecisão do seu comentário, ele me relembra o quanto ficara "perturbado" com nossa conversa a respeito de Dresden: neste momento, pude perceber aquilo que o havia incomodado. Cerca de catorze meses atrás eu interrompera a análise por dez dias e ele, como de costume, me perguntara se eu iria viajar e para onde. No caso de Kaspar, por uma série de motivos, sempre senti que seria conveniente responder naturalmente a esse tipo de curiosidade como um tipo de recurso psicanalítico a ser posteriormente esclarecido. Quando voltei da viagem, lembro-me de ter-lhe dito, por sua solicitação, que eu ficara "desapontado" com Dresden, em parte porque minha estadia coincidira com um feriado.

O que de fato ocorrera na sessão anterior foi que Kaspar mencionou que estava preparando uma viagem de férias e, súbita e inesperadamente, decidira visitar algumas cidades históricas na Europa Central, sem ter a menor ideia de por que incluíra Dresden no seu itinerário. Disse-lhe imediatamente, *truncando* sua frase, que eu sabia o porquê daquela inclusão, tendo então mencionado a minha viagem. Ele se mostrou surpreso dizendo que tinha se esquecido completamente do episódio: o assunto adquiriu então um sentido maior, já que, no geral, o seu itinerário era quase igual ao meu.

Seria útil agora dizer que Kaspar é alguém admitidamente onipotente e competitivo que inclusive, numa ocasião anterior, sabendo que eu ficara impedido de visitar um museu porque as entradas estavam esgotadas, ficou durante semanas pendurado na internet até conseguir as mesmas entradas. Pensei então que seria razoável conjecturar que ele incluíra Dresden em sua viagem como uma oportunidade extra de provar que ele poderia ser mais bem-sucedido do que eu. No entanto, na sessão anterior ele se irritara ao lembrar que eu não tinha gostado de Dresden, bem como com a informação de que eu não me interessara em visitar um campo de concentração próximo da cidade.

Ao sair daquela sessão ele se sentiu *perturbado* e invadido pela necessidade premente de cancelar sua estadia em Dresden, já que, dentro do sistema inclemente de exigência interna que o atormenta, é sempre impensável para ele não extrair o máximo de cada situação de vida. Ele ligou então para sua esposa, para compartilhar com ela sua indignação, mas ficou "frustrado" com a sua reação, já que ela argumentou que seus interesses (do casal) eram independentes dos de outras pessoas. Em resumo, depois de algumas outras garantias, ele decidiu manter a visita, mas, ao contrário do que gostaria, foi incapaz de vir para a sessão sem demonstrar o quanto o assunto ainda o incomodava.[7]

Apesar de tudo, ele reconheceu que conseguira manter o itinerário em função de um processo interno de "filtração" de suas ansiedades despertadas na sessão e possivelmente, no seu entender, em função de alguma coisa ocorrida na própria sessão. Minha sugestão foi que minha intervenção imediata *truncara* seu fluxo mental, mas, ao mesmo tempo, agira como uma espécie de contenção para suas ansiedades de rivalidade comigo, além de capacitá-lo a perceber o quanto suas "memórias" trabalhavam em descompasso com seus "desejos" conscientes.

Acho que este material ilustra bem como os sentimentos de constrangimento quando Kaspar se percebeu "roubando" coisas do analista na surdina, tendo em vista uma comparação futura na qual seu desempenho pudesse ser superior, encontraram um primeiro nível de representação nas palavras "atribulada" e "truncada". A seguir, com ajuda de continentes para suas ansiedades que lhe foram fornecidos pelo analista e pela esposa, ele pôde "pensá-los" ou, segundo sua terminologia, "filtrá-los".

---

7 Alguns meses depois ele fez a tal viagem, mas, chegado o momento de ir para Dresden, sofreu uma espécie de turbilhão interno, mudando radicalmente seus planos.

Dois meses mais tarde tivemos outra sessão na qual ele sentiu a necessidade de "confessar" para mim duas de suas "excentricidades", "ideias recorrentes" que, no entanto, não chegavam a ser uma obsessão como os impulsos que costuma ter de tentar controlar a previsão atmosférica.[8] Sou então "atravessado" por uma memória-sonho (no sentido de Bion): que uma de suas excentricidades pudesse ser a ideia de "assassinar seu sócio", uma pessoa que ele sempre critica e que, recentemente, uma vez mais, fora responsável por um "surto" que Kaspar tivera no fim de semana, no qual ele "descontou" sua raiva em cima da mulher e dos filhos.

Decidi dizer a ele o pensamento que me "atravessara": ele o apreciou porque lhe despertou a memória de uma outra de suas excentricidades que ele odeia, uma compulsão diária de ficar contando seu dinheiro, um hábito que garante ter pegado do sócio. Sua segunda mania é de, todo dia ao acordar, começar a "fantasiar" que o dia será agradável em consequência de seu esforço consciente de fazer as coisas "com perfeição": não esquecer de cumprimentar o porteiro do prédio, ser paciente com sua secretária, não se irritar etc. Associo este "decálogo matinal" com a instrução de uma seita religiosa que fornecia a seus seguidores um livro com princípios a serem recitados no começo de cada dia. Em resumo, defrontamo-nos com uma religiosidade enrustida florescendo diante de nós, algo que nunca ocorrera anteriormente.

A conversa, então, se direciona para o assunto central da sua personalidade: sua onipotência. Ele comenta, pesando cuidadosamente suas palavras, temer o dia (imagino que ele completaria a frase dizendo "em que eu possa perder minha potência") no qual "eu estarei impossibilitado de usar minhas capacidades". Essa frase

---

8 Numa sessão anterior ele me confessara, em tom de segredo, ser escravo de uma obsessão de querer cercar sua vida de "tempo bom", consultando compulsivamente sites de previsão atmosférica na internet.

estratégica confirmou, uma vez mais, que "perder potência" é uma expressão estranha a ele, na melhor das hipóteses ele imagina que sua potência pudesse ser "amputada" (um termo afim a "truncada"), certamente a partir de um inimigo externo.

Uma semana depois ele tentou explicar um tipo de desconforto que o estava oprimindo, porém, incapaz de descrever aquilo que desejava, resolveu dizer que em relação a si próprio nunca usava a palavra "ansiedade". Na medida em que se sente uma pessoa muito sensível, isso representa um problema, pois, desejando sempre a perfeição, acaba se preocupando antes de qualquer tarefa a ser executada. Ele reconhece que aquilo que o atormenta é tudo que está fora do seu controle, dizendo com solene veemência: "O que está sob meu controle me deixa preocupado até que eu resolva o problema, mas aquilo que escapa do meu controle me deixa louco!". Enquanto ele dizia essa frase observei que soltava reflexivamente o nó da gravata, sugerindo estar se referindo a alguma coisa que poderia sufocá-lo.

Lembro-lhe que a etimologia de "ansioso" vem do latim *angor*, significando "constrição" e "sufocamento", daí derivando-se a palavra *angina:* surpreendentemente, ele diz nunca ter ouvido anteriormente a palavra angina, algo inacreditável numa pessoa com seu nível cultural. Novamente ele tenta encontrar a palavra específica que pudesse expressar seu estado, mas não consegue: eu, contratransferencialmente, "sei" qual é a palavra que ele está buscando, mas sinto-me aflito ao não conseguir lembrá-la. Neste exato momento, como Bion diria, a evolução do O do paciente e do O do analista chegou a um ponto de intersecção: nós dois "sabíamos" qual sentimento estava em jogo, mas não conseguíamos representá-lo.

Não podendo aceitar sua incapacidade de encontrar a palavra certa, ele tentou um recurso descritivo: "É como se eu tivesse instalado dentro de mim um reizinho cheio de desejos!". Sua descrição me soou muito criativa: no fundo ele é a maior vítima deste objeto interno controlador. Daí sua queixa seguinte: "o reizinho logo se transforma num ditador!". Antes da sessão acabar tentamos, num esforço conjunto, encontrar a palavra que insistia em fugir de nós: algumas possibilidades foram levantadas, como "mimado" e "metido", mas tivemos de terminar a sessão com o gosto do fracasso.

Algumas horas mais tarde meu bloqueio contratransferencial se desanuviou: eu estava fazendo um exercício físico, mas a palavra perdida continuava martelando; neste momento senti um desconforto quando percebi que já não conseguia repetir o desempenho de anos atrás; ficando "irritado" com meu envelhecimento, algo que eu sentia não merecer, a palavra em curso emergiu naturalmente – "caprichoso". Neste episódio senti na própria pele o desejo pretensioso de estancar meu envelhecimento, de um modo muito próximo aos esforços de meu paciente para controlar a realidade.

Algumas semanas mais tarde, Kaspar inicia uma sessão dizendo não conseguir compreender como alguém tão bem-sucedido na vida como ele mesmo podia se sentir tão perturbado, a ponto de ter um sono muito agitado à noite. Naquela noite sua esposa acordara com sua agitação, tendo ele lhe solicitado que o abraçasse e lhe dito, chorando, para compreender que suas angústias não eram um mero *capricho*. Eu então me lembro imediatamente do episódio relatado no qual, contratransferencialmente, eu "resgatara" a palavra capricho do limbo de seu anonimato. Conto-lhe então (sem descrever em detalhes) a respeito de como eu conseguira "desencavar" a palavra capricho durante uma experiência pessoal muito parecida com aquela que ele vivera na sessão do "reizinho".

Ele associa livremente isso com algo que ocorrera recentemente. Seu pai convidara a família para jantar, sendo que todos insistiram para que ele, Kaspar, escolhesse o restaurante, já que, na condição de um "reizinho", era sempre o mais difícil de ser agradado: o fato foi que sua escolha acabou agradando a todos. Como sempre, ele se queixou das altas expectativas que sua família coloca em seus ombros, mas, novamente, nem tentou disfarçar o quanto se sentia lisonjeado por esses elogios.

Como um contraponto, lembra que em seu aniversário de casamento fora a um restaurante famoso e sofisticado onde a comida não estava boa, mas algo "bizarro" ocorrera. O *maître* veio trazer à sua mesa duas taças de champanhe, explicando ser um oferecimento de dois homens sentados ali perto. Ele ficou furioso pensando que estavam interessados em sua esposa, mas, examinando melhor a situação, sentiu algo estranho e passou a pensar que pudessem estar interessados nele. Ficou irritado e disse para a esposa que não iria tocar nas taças: ela, com naturalidade, discordou, dizendo que ele deveria agradecer aos ofertantes. No final a história teve um epílogo surpreendente: o *maître* retornou se desculpando por ter errado de mesa e, para mais irritação de Kaspar, retirou as taças.

Esses episódios me permitiram mostrar a ele que nada melhor do que uma boa intimidade ou uma boa surpresa para nos ajudar a pôr as coisas em seus devidos lugares. Em ambas as situações, com sua esposa na cama e no episódio do restaurante, "o reizinho caprichoso" se derretera, sentindo-se desamparado e assustado e sendo amorosamente resgatado por ela.

Considerarei agora a sequência total das sessões, para melhor ilustrar a sequência sentimento → linguagem → pensamento. O substantivo latino *tribulatio* sugere um estado de contratempo e contrariedade e o verbo *atribular-se* se refere a sentimentos de angústia, impaciência, aflição e mortificação, ou seja, um conjunto de emoções que percorrem uma escala progressiva. Sugestivamente, o termo "truncada" proposto para substituir "atribulada" com mais acuidade, de fato, podemos agora conjecturar, pretendia estancar uma proliferação de sentimentos ruins de um modo agudo e abrupto.

O sentido de mutilação implícito em "truncada" pode ser visto agora como uma premonição das ansiedades que surgiram posteriormente quanto à amputação de sua potência.

O cenário seguinte nos evoca o "plágio": a viagem que ele estava organizando parecia ser uma cópia da minha, constatação desagradável para alguém que está sempre reivindicando originalidade. Isso o perturbou. Será que ele levantou a suspeita de ter armado uma armadilha para si mesmo ao tentar "intrometer-se" na minha vida privada? Que tipo de transiência alguém poderia estar procurando por meio da "intrusão"? O que estaria se passando, uma mera curiosidade inocente quanto à intimidade de alguém ou algo com claras intenções voyeurísticas? Teria ele se sentido culpado e tido uma necessidade de fazer uma reparação?

De qualquer modo, é útil reconhecer que as experiências emocionais relatadas foram ricas em palavras fortemente expressivas, nos levando a indagar se elas prenunciavam uma atmosfera de prelúdio ao pensamento ou, alternativamente, se já evidenciavam uma capacidade para pensar. Quando Kaspar usa o modelo de "filtrar suas ansiedades", estaria reconhecendo intuitivamente a importância de construir uma membrana seletiva para separar a ação do *acting-out*, como ocorre na barreira de contato proposta por Bion?

Como já disse, minha intrusão em seu fluxo verbal que visava aguçar sua memória pode ter agido como um continente modulador de sua incontinência de sentimentos onipotentes, que o incitava a engolir vorazmente a autoria alheia para, depois, devolvê-la como algo original.

Nesse conjunto de sessões, no entanto, senti que Kaspar estava expressando uma necessidade quase religiosa de "confessar transferencialmente" sua onipotência para mim. No começo de seu processo psicanalítico ele aludia jocosamente à sua onipotência, quase como uma espécie de "superestrutura caprichosa inata" que ele exibia para se divertir com o espanto dos espectadores. Gradualmente, no entanto, ele passou a irritar-se com a "rigidez" do *setting*, que parecia competir com a sua própria rigidez de não perder qualquer sessão, não se atrasar, não sair das sessões sem um lucro palpável e, suprema violência, não pagar uma sessão sem ter vindo.

Em algumas ocasiões ele se sentiu perturbado com essas questões, precisando expressar sua indignação por meio de ações musculares concretas: abandonar o divã para falar comigo face a face, comunicar-me numa ocasião que decidira interromper a análise e assim por diante. Em alguns momentos, expressou seu desejo de que eu pudesse "deixar de lado" a sessão que ele, eventualmente, "fora obrigado a perder". Em uma ocasião eu lhe propus tentarmos uma espécie de "jogo": eu "esqueceria" uma sessão a que ele não comparecera. Propostas estratégicas como essa funcionaram muito bem: nunca mais precisamos nos valer desse artifício e, gradualmente, passou a adquirir uma capacidade de suportar as perdas como algo natural.

De fato, eu compreendi sua confissão transferencial da onipotência menos como um processo catártico e mais como uma busca por ajuda. Kaspar passou a ter consciência de ser vítima de forças internas desconhecidas, passando a fiar-se em mim para ajudá-lo a lidar com elas. Foi no impulso deste espírito que pudemos detectar anseios religiosos no campo transferencial que ele nunca admitira em si. Se considerarmos a sequência de suas associações, podemos agora inferir que sua potência é de fato vislumbrada como uma espécie de Divindade eventualmente fora de seu alcance, ou, como ele dissera, que ele pudesse "ficar impedido de se servir dela". Esse tipo de "transformação religiosa" representa, em última análise, o início da admissão de sua impotência e de uma vergonha culposa em relação aos seus impulsos assassinos dirigidos à mediocridade humana – por exemplo, em relação a seu sócio, o qual, em sua opinião, não passava de um "burocrata perverso".

Parece-me clara a presença, neste meio de cultura, de sentimentos dispersos como culpa, vergonha, onipotência, impotência e outros que, gradualmente, foram "amarrados", como sugerido por Bion, permitindo a denominação de novas configurações, como ocorreu em relação ao seu "capricho". O próximo passo seria encontrar um ideograma adequado para representar o seu capricho, em nosso caso, a imagem auspiciosa de um reizinho mimado. Nesse sentido, um círculo virtuoso se completa, o qual, começando na experiência emocional e atravessando a denominação linguística, culminou com o pensamento como um recurso criativo para tolerar a frustração.

Epílogo

A sanidade vem a ser o talento
linguístico de não permitir que
aquilo que nos amedronta em nós mesmos
possa destruir nosso prazer em viver.

Charles Lamb

Bion sempre foi muito claro quanto ao caráter restritivo do pensamento verbal: ele postula o espaço mental como uma coisa-em-si incognoscível, mas que pode ser representada por pensamentos. Os pensamentos podem ser classificados segundo as realizações de objetos que existem num espaço tridimensional e que, portanto, compartilham da qualidade frustrante de todas as realizações (Bion, 1970, p. 11). Nesse sentido, a linguagem para Bion será sempre um elemento intermediário entre o sentimento e o pensamento, uma espécie de elemento coluna 2, a ser descartado tão logo se opere a transformação direta de emoção em pensamento.

Tomemos como exemplo o episódio na guerra em que Bion testemunhou a morte de seu estafeta "Sweeting" ("Doçura", nome inventado para evocar ternura), que teve o tórax dilacerado por uma bomba que literalmente deixou seu coração exposto. Na leitura de Meg Harris Williams (2009), podemos acompanhar, mediante o "coração exposto" de Sweeting, a emocionalidade como núcleo do pensamento em desenvolvimento: ele pediu ao jovem Bion que levasse seus pertences para a mãe, o que despertou uma emoção intensa que Bion foi incapaz de transformar em pensamento, inundando-o de uma crueldade visceral que o levou a gritar internamente – "Vá para o inferno!" – com certeza um jeito de evacuar a emoção insuportável por meio da palavra. Inversamente, será que existiria uma palavra que pudesse conter uma experiência de tal envergadura: "doçura" estaria a altura dessa missão?

Em outra passagem, ela discute a descrição de Bion (1991, p. 434) de como os "pré-natais" podem ter uma experiência sem conseguir pensá-la e como a arena para o pensar só passa a existir quando, a partir do nascimento, os gêmeos evanescentes psique e soma reconhecem a sua separação:

> *Porém aqui – sob a pressão irresistível da ideia biológica (o instinto de vida predominante) – psique e soma se rompem para diante, para fora e através de [*push on, push out, push through*]. No meio da confusão há uma indicação de que existem outras perspectivas de 'penetração' e 'idea-lização' que poderiam potencialmente relacionar 'senti-mentos' a 'ideias', corpo com mente, tendo como base a lembrança da origem comum.*

Na obra de Beckett essas questões são tratadas com crueza, são quase evisceradas. Um bom exemplo é a análise que Sheehan (2000) faz de um enunciado que pertence ao Texto 13 dos *Textos para nada*, de Beckett: "Tantas vezes a mesma mentira sendo negada, cujo silêncio gritante de não-faca em sim-ferida, ela divaga" (p. 100). Sheehan diz:

> *Como uma imagem, a faca-na-ferida constitui uma paródia horripilante da concepção codependente de Hegel do ser e do nada, mas sem um desenlace: não há qualquer indício de que isso se transforme em alguma coisa (quer dizer, não há síntese dialética). Como um tropo a frase é comicamente grotesca. A ideia de "sim" e "não" presos num combate mortal parece quase visível, uma caricatura da crença maniqueísta na luta entre a luz e a escuridão. "Não-faca em sim-ferida" alude a como pode existir alguma coisa e nenhuma coisa ao mesmo tempo, e o pensamento aterrorizante de uma luta permanente que faz o sangue gelar. Uma ferida que não pode cicatrizar, em virtude das punhaladas de uma faca que não termina a sua ação, é também uma condensação do ponto de vista de Beckett sobre a criação, em que a dor e o sofrimento são dados, do mesmo modo que o estoicismo e a tolerância. (p. 100)*

Como vemos, Beckett, como Bion, está profundamente empenhado em tentar pensar o impensável, nominar o inominável e conhecer o incognoscível: a "grande simplicidade" em Bion foi poder sonhar tudo isso.

Apêndice I: destrutividade

A destrutividade, sendo um epifenômeno, pressupõe várias causas, mas aqui mencionaremos duas delas: a maldade e o desespero, sendo que esse último sempre estará presente no escopo total da psicanálise e, assim, não nos ocupará agora.

No importante *Dictionary of Quotations* de Jeffares e Gray (1997), só encontramos três chamadas importantes para *cruelty* (crueldade):

- William Blake: "Uma imagem divina" (2007, Canção 54b)

  "A crueldade possui um coração humano

  E o ciúme uma face humana,

  O terror a divina forma humana,

  E o segredo a roupagem humana."

- Fronde: "O medo é o pai da crueldade".
- Shakespeare: *Macbeth* (I, v)

  Lady Macbeth: "Até o corvo fica rouco anunciando com seus crocitos a entrada fatal de Duncan debaixo de minhas ameias...

> Acorrei, espírito que velais sobre os pensamentos mortais! Trocai-me de sexo e, dos pés à cabeça, enchei-me, fazei que transborde da mais implacável crueldade! Fazei que meu sangue fique mais espesso; fechai em mim todo acesso, todo caminho à piedade, para que nenhum escrúpulo compatível com a Natureza possa turvar meu propósito feroz, nem possa interpor-se entre ele e a execução! Vinde a meus seios maternais e convertei meu leite em mel, vós, gênios do crime, do lugar de onde presidis, sob substâncias invisíveis, a hora de fazer o mal!"
>
> Antes, ao receber a carta de Macbeth preconizando que seria rei, ela já ponderara, em seu íntimo, não confiar em sua natureza bondosa: "Sua natureza está totalmente cheia do leite da ternura humana, para que possa escolher o caminho mais curto. Gostarias de ser grande, pois não te falta ambição; mas falta-te o instinto do mal que deve secundá-la" (Shakespeare, 1988, p. 486).

Quanto à maldade, lembremos de Bertolt Brecht, na *Ópera dos três vinténs* (1928): "A maldade do mundo é tão grande que você precisa fazer suas pernas correrem desabaladamente, para que não as roubem de você".

Thomas Hobbes, um dos pais da filosofia política, escreveu, em 1651, *Leviatã* (2008), um tratado sobre a necessidade que tem o homem de engajar-se no contrato social absolutista, regido por um monarca plenipotenciário, o único que poderia conter as tendências conflitivas imperantes no belicismo dos homens *in natura*. De fato, no estudo da natureza imperaria o clima de *Bellum omnium contra omnes*, a guerra de todos contra todos, resumida pela célebre frase *Homo lúpus homini* ("O homem é o lobo do homem"). Para ele, a verdadeira filosofia moral estava encerrada naquilo que elencou como "leis da natureza", entre as quais se destacavam:

- Boa vontade: "Quem recebeu benefício de outro, por simples graça, deve esforçar-se para que o doador não venha a ter motivo razoável para arrepender-se de sua boa vontade".
- Complacência: "Que cada um se esforce para acomodar-se com os outros".
- Perdão: "Como garantia do tempo futuro, se perdoem as ofensas passadas, àqueles que se arrependam e o desejem".
- Vingança: "Entendida como a retribuição do mal com o mal. Os homens não devem dar importância ao mal passado, mas só ao bem futuro. Assim, proíbe-se a aplicação de castigo com qualquer intenção que não seja a correção do ofensor, ou como exemplo para os outros".
- Vanglória: "Glorificar-se sem tender a um fim é contrário à razão. Causar dano sem razão tende a provocar a guerra, o que é contrário à lei natural, configurando crueldade".
- Contumélia: a declaração de ódio ou desprezo pelo outro, seja por atos, palavras, atitude ou gesto.
- Orgulho: "Quando o homem não reconhece os outros como seus iguais por natureza".
- Pleonéxia: para os gregos, a violação do princípio de que todos os homens têm direitos iguais em relação às benesses da natureza: governar o próprio corpo, desfrutar o ar, a água, o movimento etc. Quem respeita esta lei é modesto, e é arrogante quem a desrespeita.
- Salvo-conduto: "A todos aqueles que servem de mediadores para a paz, lhes sejam concedidos salvo-condutos" (Hobbes, 2008, pp. 100-122).

Servindo-nos do aforismo de Ortega y Gasset, quando o ser humano se percebe mergulhado "em suas circunstâncias", que recurso teria para enfrentar as crueldades que o circundam e inclusive o impregnam?

Autores como John Kekes (2005) acreditam ser de alguma utilidade mapear "as raízes do mal" e tentar ensaiar um receituário para combatê-las: em sua opinião, é preciso alterar as condições internas e externas que causam o mal. Quanto às primeiras, ele sugere "cultivar a imaginação moral e, portanto, superar a resistência passiva de reconhecer as ações das pessoas em suas cruezas" (p. 236); quanto às segundas, sugere "reforçar as proibições das ações cruéis, independentemente de serem ou não intencionais" (p. 241).

Ao depararmos com essas duas modalidades de *wishful thinking*, creio que seria mais útil optarmos pela poesia de W. H. Auden, "Primeiro de setembro de 1939", que ele coloca como epígrafe de seu capítulo final:

> *Nosso mundo jaz estuporado*
> *E indefeso coberto pelas trevas;*
> *Porém, um salpicar espalhado,*
> *De irônicos pontos luminosos*
> *Cintilam sempre que os justos*
> *Compartilham suas mensagens:*
> *Quisera que eu, composto como eles*
> *De Eros e de pó,*
> *Sitiado pela mesma*
> *Negação e desespero,*
> *Produza uma chama categórica. (Auden, 1939, p. 235)*

Em minha opinião, acho que deveremos continuar a busca por uma "chama categórica": foi o que tentei fazer, socorrendo-me da obra de Mary Midgley – *O primata ético*. Lastreada na filosofia da moralidade, ela tenta provar que nossa liberdade encerra dois aspectos opostos: um é nossa natureza profundamente complexa e multifacetada, o outro é a intensa necessidade que temos de agir unitariamente. Nossas ações almejam não só eliminar qualquer tirania externa, mas principalmente funcionar como um ser total, impondo unidade aos conflitos internos.

Esse projeto é uma obra em aberto, uma integração incompleta que pode ocupar toda a nossa vida e ser analisada por dois pontos de vista. Como processo natural, é algo específico de nossa espécie, como a migração dos pássaros ou a engenharia dos castores, que são até previsíveis; por outro lado, depende de um esforço interno sempre dinâmico e incompleto que demanda uma linguagem própria, até por não ser previsível. A preferência dos moralistas logo recaiu em endossar uma solução usando o autocontrole, ou seja, escolher uma parte do *self* para conquistar e comandar o todo, imaginando-a como essencialmente livre.

O cenário complicou-se com a chegada da abordagem científica, na medida em que a busca de conhecimento passou a ser exaltada como a moralidade suprema, instaurando uma confusão que a autora tenta formular e arejar.

Como animais sociais, nós humanos estamos aptos a desempenhar ações significativas como ameaças, insultos, gestos de conciliação, expressões de amor etc. Isso, no entanto, nos cria um risco atávico, já que, como disse Mathias Aires, estando impregnados de vaidade, tornamo-nos "perversos por comparação".

A força propulsora por trás dos atomistas gregos era libertar o homem de qualquer instância sobrenatural, mas a ciência moderna transmutou essa postura fundamentalmente ética numa verdade estabelecida, a redução da natureza a vazios e átomos, configurando "a ansiedade dos homens modernos". Porém, isso encerra questões imorais, por exemplo, ao expulsar não só os deuses, mas as consciências humanas e animais do mundo real, ela abandona aquele profundo respeito pela vida e pela experiência dos outros que está na raiz da moralidade. Moralistas rebeldes como Nietzsche sempre abusaram de reduções ideológicas dramáticas: para ele este mundo reduz-se à busca de poder, nada mais. A vida seria essencialmente apropriação, injúria, subjugação do estranho e do fraco, supressão, severidade, imposição de suas preferências, incorporação e, em última instância, exploração.

Ao tratar do cacoete reducionista, Midgley repercute uma das principais preocupações de Susan Sontag: como as imagens correntes (cinema, televisão etc.) predispõem o espectador a uma visão superficial, em contraste com a imagem fixa da fotografia, que o obriga à reflexão. Ela assinala que

> *a concepção de "objetividade" que ignora o fato de que estamos falando de sujeitos, e de que podemos em certo grau fazê-lo objetivamente, é, portanto, inútil... O que tem sido menos ressaltado, no entanto, é que os sujeitos conscientes são, essencialmente, não só meros observadores, mas* agentes ativos. *Isso quer dizer que tipos de pensamento que ignoram esses sujeitos não só ignoram os detalhes da introspecção, da dor, ou do colorido, mas também a sua importância. Eles acabam perdendo a linguagem da ação, os conceitos usados para decidir o que fazer... Eis por que o tipo de liberdade que a moralidade pressupõe parece inconcebível, além de nos seccionar de nossas origens evolutivas. (Midgley, 2010, pp. 90-91)*

Malgrado a abrangência de seus tópicos, estendendo-se por temas como individualismo, egoísmo, sociabilidade, fatalismo, culpa, remorso e assim por diante, confesso que aquilo que mais excitou minha curiosidade foi a referência à obra *The Tangled Wing: Biological*

Constraints on the Human Spirit (Os bastidores entrelaçados: restrições biológicas ao espírito humano), de Melvin Konner, na qual se amplia a realidade dos vínculos carinhosos encontrados nos animais sociais, começando pela profunda tristeza que os acomete quando mantidos em isolamento; a devoção cuidadosa com os jovens; a adoção de órfãos, por exemplo entre elefantes; a defesa dos mais fracos, às vezes até à custa da própria vida – todos comportamentos fartamente estudados pela etologia.

Tudo isso não poderia ser encarado como a matriz original da moralidade?

Apesar da consternação, a realidade da dor mental nos abriu suas portas por meio da guerra, sendo natural, portanto, que a mesma guerra nos ajude a fechar suas portas.

"O aforismo jamais coincide com a verdade; ou é uma meia verdade ou uma verdade e meia", escreveu Karl Kraus (2019) a respeito do gênero em que se tornou um mestre. Personagem singular do debate intelectual europeu no começo do século XX, Kraus encontrou no efeito impactante do humor a forma ideal de espetar seus adversários – principalmente políticos, poderosos hipócritas, jornalistas e ideólogos belicistas. Por meio de seus aforismos cortantes, sempre esteve na linha de frente do combate à estupidez das guerras:

- "Como o mundo é governado e conduzido à guerra? Os diplomatas mentem aos jornalistas e acreditam na mentira quando a leem."
- "O jogo infantil 'nós brincamos de guerra mundial' é ainda mais desolador do que a realidade 'nós brincamos de criança'. Seria desejável a essa humanidade que suas crianças de colo começassem a matar com êxito as outras de fome e acabassem com a clientela das damas de leite."
- "Um aprendiz de feiticeiro parece ter se aproveitado da ausência do mestre. Só que, em vez de água, corre sangue."

- "O herói é alguém que encara uma multidão. Na nova guerra, o primeiro a conquistar esta posição é o lançador de bombas aéreas, alguém que inclusive encara a multidão de cima."
- "Na guerra, ou a mentira é uma embriaguez ou uma ciência. Esta última é mais prejudicial ao organismo."
- "A guerra seria uma punição razoável se não fosse a continuação do delito."
- "Se alguém tivesse dito ao Diabo, para quem a guerra desde sempre foi uma pura paixão, que alguma vez haveria homens com um interesse comercial na continuação da guerra, que eles nem sequer se dariam ao trabalho de ocultá-lo e que seus lucros ainda lhes proporcionariam reconhecimento social, ele o mandaria contar essa história a outro. Porém, quando tivesse se convencido do fato, o inferno enrubesceria de vergonha e ele teria de reconhecer que durante toda a sua vida foi um pobre diabo!"

Apêndice II: um diálogo performático entre Psique e Soma

No terceiro volume de sua trilogia *Uma memória do futuro*, intitulado *O alvorecer do esquecimento*, Bion imagina uma "cerimônia psicoembrionária" de confraternização entre os atores do drama vital, aquele que pretende rastrear a epopeia da transformação dos habitantes do universo pré-natal na população do universo pós-natal.

O sujeito narrativo é uma espécie de "consciência híbrida", ou seja, um ente sensório-mental cuja sobrevivência está no domínio de um comportamento "anfíbio": como disse Freud, poder usar a consciência como "órgão sensorial de reconhecimento da qualidade psíquica" e, para os estímulos sensoriais, manipular com competência os órgãos dos sentidos. Como paradigma desse arranjo, o espermatozoide e o óvulo passam a constituir uma parceria animista que nada deve a uma dupla comum de namorados.

Mas, o próprio narrador logo confessa sua limitação: "Eu reconheço minha dependência de transcrições das experiências: não prometo a comunicação de uma não sensorialidade pura sem contaminação pelo sensorial. Minhas experiências mais primordiais foram de alguma coisa tocando aquilo que, mais tarde, fiquei sabendo ser 'eu'; as mudanças de pressão no fluido que me envolvia variavam daquilo que eu chamava prazer àquilo que eu chamava dor" (Bion, 1979, p. 1).

A descrição do encontro inesperado entre Psique e Soma (ou Mente e Corpo) adquire tons hilários, com certeza pela ansiedade despertada por algo tão inusitado: é como se dois estranhos se encontrassem pela primeira vez e logo percebessem que seriam vizinhos pelo resto da vida.

> *Mente: Olá! De onde você brotou?*
>
> *Corpo: O quê – você de novo? Eu sou Corpo; mas, se preferir, me chame de Soma. E você, quem é?*
>
> *Mente: Me chame de Psique – Psique-Soma.*
>
> *Corpo: Soma-Psique.*
>
> *Mente: Nós devemos ser parentes.*
>
> *Corpo: Ni, na, não – não se depender de mim.*
>
> *Mente: Oh, vamos lá: você acha algo tão ruim?*
>
> *Corpo: Pior. Você nos mergulhou neste ar. Por sorte eu trouxe um pouco de líquido comigo. O que você está aprontando agora?*
>
> *Mente: Nada de mais: é o meu diafragma subindo e descendo. Estou respirando o ar – algo fluido, não líquido. A troco de que você trouxe esta coisa molhada? Que fragrância deliciosa!*
>
> *Corpo: Você não sentiria este cheiro se não fosse este líquido para fixar os átomos. Típico de uma Mente: um palavrório sem conteúdo. Onde você foi buscar isto?*
>
> *Mente: Tomei emprestado do futuro e você está tomando emprestado de mim: você captou isto através do diafragma?*

Corpo: Foram os líquidos que penetraram no diafragma, mas o significado não foi junto. E você, onde foi encontrar suas dores?

Mente: Tomei-as emprestado do passado, mas o significado também não atravessou a barreira. Engraçado: o significado não consegue atravessar, tanto de você para mim quanto de mim para você.

Corpo: Pois é o significado da dor que eu estou enviando a você; as palavras conseguem atravessar – mesmo sem eu enviá-las – mas o significado se perde. . . .

Mente: Não seja ridículo. Eu sofro ansiedade tanto quanto você tem dor. No fundo, eu tenho um tipo de dor a respeito da qual você não sabe nada. Eu sofri muito quando ambos fomos rejeitados. Eu implorei para me chamar de Psique e prometi te chamar de Soma . . . Mas você me confundiu de novo: misturou Dores com Pés. Decida-se!

Corpo: Deixa comigo. Se você tivesse algum respeito por meus "sentimentos" e agisse segundo minha orientação, você não estaria nesta mixórdia. (Bion, 1991, pp. 433-434)

Referências

Agostinho, S. (1987). *Confissões*. Vozes.

Anysio, C. (1973). Prefácio. In *História Alegre do Brasil*. Cedibra.

Beckett, S. (1968). The Unnamable. In S. Beckett, *Three Novels by Samuel Beckett*. Grove Press.

Beckett, S. (1983). *Disjecta*. John Calder.

Beckett, S. (1984). Texts for Nothing. In S. Beckett, *Collected Shorter Prose*. John Calder.

Bion, W. R. (1955). Language and the schizophrenic. In M. Klein, P. Heimann, & R. E. Money-Kyrle (Eds.), *New Directions in Psychoanalysis: The Significance of Infant Conflict in the Pattern of Adult Behaviour*. Routledge.

Bion, W. R. (1962). *Learning from Experience*. Heinemann.

Bion, W. R. (1963). *Elements of Psychoanalysis*. Heinemann.

Bion, W. R. (1965). *Transformations*. Heinemann.

Bion, W. R. (1967). *Second Thoughts*. Heinemann.

Bion, W. R. (1970). *Attention and Interpretation*. Tavistock.

Bion, W. R. (1979). *The Dawn of Oblivion*. Clunie Press.

Bion, W. R. (1980). *Bion in New York and São Paulo*. Clunie Press.

Bion, W. R. (1982). *The Long Week-End: 1897-1919*. Fleetwood Press.

Bion, W. R. (1985). *All My Sins Remembered*. Fleetwood Press.

Bion, W. R. (1991). *A Memoir of the Future*. Karnac.

Bion W. R. (1992). *Cogitations. London,* Karna.

Bion, W. R. (1997). *War Memoirs: 1917-19*. Karnac.

Blake, W. (2007). *Cantigas da Inocência e da Experiência*. Antígona.

Brecht, B. (1998). *War Primer*. Libris.

Buber, M. (1974). *Yo y tu*. Nueva Visión.

Cardoso, L. (2009). *Crônica da casa assassinada*. Civilização Brasileira.

Carrière, J-C. (2007). *Fragilidade*. Objetiva.

Civitarese, G. (2008). Caesura as Bion's discourse on method. *Int. J. Psychoanal.*, *89*, 1123-1143.

Cuthbertson, G. (2014). *Wilfred Owen*. Yale University Press.

Ellenberger, H. F. (1970). *The Discovery of the Unconscious*. Basic Books.

Federn, P. (1952). *Ego Psychology and the Psychoses*. Basic Books.

Freud, S. (1900). The interpretation of dreams. In S. Freud, *The Standard Edition of the Complete Psychological Works of Sigmund Freud* (Vol. IV). Hogarth Press.

Freud, S. (1905). Jokes and Their Relation to the Unconscious. In S. Freud, *The Standard Edition of the Complete Psychological Works of Sigmund Freud* (Vol. VIII). Hogarth Press.

Freud, S. (1919). The Uncanny. In S. Freud, *The Standard Edition of the Complete Psychological Works of Sigmund Freud* (Vol. XVII). Hogarth Press.

Freud, S. (1927). Humor. In S. Freud, *The Standard Edition of the Complete Psychological Works of Sigmund Freud* (Vol. XXI). Hogarth Press.

Goffman, E. (1975). *A representação do eu na vida cotidiana*. Vozes.

Grossman, V. (2014). *Vida e destino*. Objetiva.

Grotstein, J. (2007). *A Beam of Intense Darkness*. Karnac.

Hibberd, D. (2003). *Wilfred Owen*. Phoenix.

Hobbes, T. (2008). *Leviatã*. Martin Claret.

Huizinga, J. (1980). *Homo ludens: o jogo como elemento da cultura*. Perspectiva.

Jacobus, M. (2005). Palinurus and the Tank: Bion's War. In M. Jacobus, *The Poetics of Psychoanalysis – In the Wake of Klein* (pp. 173-198). Oxford University Press.

Jeffares, A. N., & Gray, M. (1997). *Dictionary of Quotations*. Barnes & Noble.

Junqueira de Mattos, J. A., & Braga, J. C. (2009). Consciência moral primitiva: um vislumbre da mente primordial. *Rev. Bras. Psicanál.*, *43*(3), 141-158.

Kekes, J. (2005). *The Roots of Evil*. Cornell University Press.

Konner, M. (1982). *The Tangled Wing: Biological Constraints on the Human Spirit*. Heinemann.

Kraus, K. (2019). *Aforismos*. Arquipélago.

Kübler-Ross, E. (2000) *Sobre a morte e o morrer*. São Paulo: Martins Fontes.

Kupermann, D. (2003). *Ousar rir: humor, criação e psicanálise*. Civilização Brasileira.

Levi, P. (1988). *É isto um homem?* Rocco.

Levi, P. (2008). *Os que sucumbem e os que se salvam*. Teorema.

Levi, P. (2020). *Assim foi Auschwitz*. Companhia das Letras.

Midgley, M. (2010). *The Ethical Primate: Humans, freedom and morality*. Routledge.

Montezanti, M. A. et al. (2015). *Extraño encuentro: la poesía de Wilfred Owen*. http://sedici.unlp.edu.ar/bitstream/handle/10915/13022/Documento_completo.pdf?sequence=1.

Moser, B. (2019). *Sontag: vida e obra*. Companhia das Letras.

Perloff, M. (1996). *Wittgenstein Ladder: Poetic Language and the Strangeness of the Ordinary*. University of Chicago Press.

Phillips, A. (2005). *Going Sane*. Penguin Books.

Owen, W. (2004). *Wilfred Owen: Poems selected by Jon Stallworthy*. Faber and Faber

Owen, W. (2009). *Selected Poems and Letters*. Oxford University Press.

Potter, J. (2014). *Wilfred Owen: An Illustrated Life*. Bodleian Library.

Ricks, C. (1993). *Beckett's Dying Words*. Oxford University Press.

Rocha, Z. (2006). O amigo, um outro si mesmo: a Philia na metafísica de Platão e na ética de Aristóteles. *Psychê*, *X*(17), 65-86.

Saliba, E. T. (2018). *Crocodilos, satíricos e humoristas involuntários*. Intermeios.

Semprún, J. (1995). *A escrita ou a vida*. Companhia das Letras.

Sheehan, P. (2000). Nothing Is More Real: Experiencing Theory in the Texts for Nothing. *Journal of Beckett Studies*, *10*(1-2), 89-104.

Shakespeare, W. (1988). *Macbeth*. Nova Aguilar.

Simon, B. (1988). The Imaginary Twins: The Case of Beckett and Bion. *Int. Rev. Psychoanal.*, *15*, 331-352.

Sontag, S. (2006). *Sobre fotografia*. Companhia das Letras.

Sontag, S. (2021a). *Ante el dolor de los demás*. Grupo Editorial Penguim.

Sontag, S. (2021b). *Contra a interpretação: e outros ensaios*. Companhia das Letras.

Stallworthy, J. (1974). *Wilfred Owen: A Biography*. Oxford University Press.

Stevens, V. (2005). Nothingness, No-Thing and Nothing in the Work of Wilfred Bion and in Samuel Beckett's Murphy. *Psychoanal. Rev.*, *92*(4), 607-635.

Stokes, A. (1963). *Painting and the Inner World*. Tavistock.

Trumbo, D. (2016). *Johnny vai à guerra*. Globo.

Vernant, J.-P. (1991). *A morte nos olhos. Figuração do outro na Grécia Antiga: Ártemis e Gorgó*. 2a ed. Jorge Zahar.

Vieira, A. (2001). *As lágrimas de Heráclito*. Editora 34.

Ward, C. (2014). *World War One British Poets*. Dover.

Wikipedia contributors. (2002). Wilfred Owen. Wikipedia. https://en.wikipedia.org/wiki/Wilfred_Owen

Wilde, O. (2004). *De Profundis: balada do cárcere de Reading*. Martin Claret.

Williams, M.H. (1983) "Underling pattern" in Bion's Memory of the Future. *Int. Rev. Psychoanal, 10*.

Williams, M. H. (1985). The Tiger and "O". *Free Associations*, *1*, 33-56.

Williams, M. H. (2010). *The Aesthetic Development: The Poetic Spirit of Psychoanalysis*. Karnac.

GRÁFICA PAYM
Tel. [11] 4392-3344
paym@graficapaym.com.br